# 10のステップで夢をかなえる
# フランチャイズ加盟
## ワークブック

伊藤　恭 [編著]

FCビジネス支援のプロ集団
**フランチャイズ研究会**
一般社団法人 東京都中小企業診断士協会 認定

同友館

## はじめに

　フランチャイズの起源はアメリカです。日本にフランチャイズが持ち込まれたのは 1963 年頃と言われ、ビジネス分野としてのフランチャイズはそれほど長い歴史があるというものではありません。ところが、街を歩けばフランチャイズ店を目にしない日はないでしょう。フランチャイズの領域は、コンビニやリサイクルショップといった小売業、ファストフードや居酒屋などの飲食業、学習塾や介護などのサービス業の 3 分野です。フランチャイズは、私たちの生活に身近な存在で、今やフランチャイズ店の存在なしには今の便利な生活を維持することもできないでしょう。

　フランチャイズ加盟店になって大成功を収め、メガフランチャイジー（売上 20 億円以上又は店舗数 30 店舗以上のフランチャイズ加盟店）にまで上りつめた猛者がいます。一方、加盟はしたものの思うような成果をあげられず倒産や自己破産という最悪の事態に陥った方も少なくありません。

　フランチャイズで成功した方と失敗した方を比較してみると、はっきりとした傾向を読み取ることができます。フランチャイズで成功した人の共通項として、まずは、優秀なチェーンに加盟していることです。フランチャイズでは、本部が開発したノウハウを使って事業を行うわけですから、そのノウハウが優れていることが何より大切です。ノウハウは必ず陳腐化しますので、優秀な本部は、一時の成功に甘んじず、常に進化のための努力を続けます。次は、加盟者が経営者として有能であることです。フランチャイズ店のオーナーが、経営者であることは言うまでもありません。前述のメガフランチャイジーのトップに会うと、この人は他の仕事に就いていても成功しただろうな、と例外なく感じます。ただ、フランチャイズに加盟した時点から有能な経営者である必要はありません。オーナーとして事業を行いながら、優秀な経営者に成長していけばいいでしょう。

　フランチャイズ加盟はビジネスですから当然にリスクはついて回ります。し

かしながら、フランチャイズ加盟を検討する方が、本書を使って加盟の準備を
していただければ、リスクを大きく減らせることは間違いありません。ぜひ、
本書を有効に活用していただければ幸いです。


平成 29 年 1 月
一般社団法人　東京都中小企業診断士協会
フランチャイズ研究会　会長　伊藤　恭

## 本書の使い方

　私が代表を務めるフランチャイズ研究会では、フランチャイズビジネスの健全な発展に貢献することを理念に掲げ、フランチャイズ本部およびフランチャイズ 加盟店のいずれにも偏ることなく中立的な立場から活動しています。また、日本経済新聞社主催のフランチャイズショーをはじめとするフランチャイズ関連のほとんどのイベントに、フランチャイズ研究会としてブースを出展し、多くの相談を受けてきました。相談される加盟者のほとんどが、「自分自身を棚卸して経営者としての資質を確認する」、「複数の本部を比較検討し、自分に合った優秀なチェーンに加盟する」といった正しい加盟ステップを踏んでいないというのが現実です。「儲かりそうだから」、「流行っているから」、「本部企業のオフィスが立派で社員数が多かった」などという理由で加盟する本部を選び、加盟後に苦労をしている方が後を絶ちません。こうした現状に対して、フランチャイズ加盟で成功するために何が必要なのかと考えて出した結論が本書『10 のステップで夢をかなえる フランチャイズ加盟ワークブック』です。

　本書は、「読んで学ぶ」ことに半分、そしてもう半分は「行動する」ことに力点が置かれています。まず説明のパートを学んだ後に、確認のための質問に答えたり、ワークブックに直接様々なことを書き込んだりすることができる形式になっています。自分に合ったフランチャイズ本部を見つけるには、書籍などを読むことで知識を得るだけでなく、実際に自分で考えて、行動をすることがとても大切です。自分の思いや、自分で調べたことをこのワークブックに書き込んでください。迷いや悩みが生じたら、過去の自分の書き込みを読み返してください。本書はあなたにとって、自分に合った最高の本部を見つけるための最良のパートナーとなるでしょう。

　「ステップ５ 加盟するチェーンの決定」では、フランチャイズ本部を客観的に評価する基準６項目を示し、さらにこれを 18 項目にブレークダウンし、

チェーンの良し悪しを具体的に見極めるための「ものさし」を提供しています。

　全10話からなるコラムは、各ステップの内容と連動しており、フランチャイズのことをまったく知らない主人公の香奈がフランチャイズ加盟を思い立ってから開業するまでを物語風の仕立てで綴っています。まず加盟ステップ全体のイメージをつかみたい方は、コラムを通して読むことで理解が得やすくなるでしょう。

　そして、「トラブル回避Q&A」と「フランチャイズ用語集」を付記しました。「トラブル回避Q&A」は、加盟者からよくいただく相談をQ&A形式でまとめています。想定していなかったトラブルに巻き込まれないために、こちらも加盟前にご一読されておくことをお勧めします。「フランチャイズ用語集」はフランチャイズに関わる専門用語をわかりやすく解説しています。本書の執筆に当たってはできるだけ平易な表現を心がけましたが、本書にはフランチャイズに関する専門用語がたびたび登場します。そんな時、ぜひ、「フランチャイズ用語集」をご活用ください。

　本書がボロボロになるまで使い込み、あなたのフランチャイズ人生を実りあるものにしてください。

## 目 次

はじめに

本書の使い方

### ステップ1 ── 独立の決意と自己分析

1. フランチャイズ加盟の全体像 …………………………………………… 3
2. 独立を成功させるために必要な資質と条件 …………………………… 6
3. 10年後のビジョンを描こう　Part ① ………………………………… 11
4. 10年後のビジョンを描こう　Part ② ………………………………… 13
　**コラム1**　「私のやりたいこと」………………………………………… 15

### ステップ2 ── フランチャイズ活用の検討

1. フランチャイズの基礎知識 ……………………………………………… 19
2. フランチャイズビジネスの発展 ………………………………………… 22
3. 未経験者でも店舗運営ができる仕組み ………………………………… 26
4. フランチャイズシステムの制約 ………………………………………… 29
5. 独立開業とフランチャイズの類型 ……………………………………… 31
　**コラム2**　「フランチャイズ活用の検討」…………………………… 34

### ステップ3 ── 本部の情報収集

1. 業種の選択のための情報収集 …………………………………………… 37
2. 本部情報収集のポイント ………………………………………………… 40
3. 幅広い媒体からの情報収集 ……………………………………………… 42
4. 展示会への参加 …………………………………………………………… 44
5. 加盟案内書・ホームページの見方 ……………………………………… 47
　**コラム3**　「本部の情報収集」………………………………………… 50

### ステップ4 ── チェーンの絞込み

1. 事業説明会でのチェックポイント ……………………………………… 53
2. 本部訪問時のチェックポイント　Part ① ……………………………… 56
3. 本部訪問時のチェックポイント　Part ② ……………………………… 59
4. 既存加盟店へのヒアリング（事前準備）……………………………… 61
5. 既存加盟店へのヒアリング（当日）…………………………………… 63
6. 本部代表者との面談 ……………………………………………………… 65
　**コラム4**　「チェーンの絞り込み」…………………………………… 68

## ステップ5 —— 加盟するチェーンの決定

1. 本部を評価する「ものさし」を手に入れよう ……………………… 71
2. 本部を絞り込む Part ① ………………………………………… 94
3. 本部を絞り込む Part ② ………………………………………… 96
   コラム5 「本命本部の決定」 ……………………………………100

## ステップ6 —— 立地と売上予測

1. 商圏・立地調査の重要性 …………………………………………103
2. 本部調査資料のチェックポイント ………………………………106
3. 立地評価のポイント ………………………………………………108
4. 売上予測と根拠 ……………………………………………………110
5. 必要売上高の算出 …………………………………………………114
   コラム6 「立地と売上予測」 ……………………………………117

## ステップ7 —— 資金調達

1. 創業者にとっての資金調達方法 〜自己資金編〜 …………………121
2. 創業者にとっての資金調達窓口 〜金融機関からの融資編〜 ……124
3. 創業者にとっての資金調達方法 〜リース契約編〜 ………………127
   コラム7 「資金調達」 ……………………………………………130

## ステップ8 —— 利益計画・資金計画

1. 利益計画・資金計画の作成 〜解説編〜 …………………………133
2. 利益計画・資金計画の作成 〜各種税金の解説〜 ………………135
3. 投資回収期間の計算 ………………………………………………138
   コラム8 「利益計画・資金計画」 ………………………………140

## ステップ9 —— 契約

1. 契約に至るまでの手順 ……………………………………………143
2. 契約に先立つ事前説明 Part ① …………………………………145
3. 契約に先立つ事前説明 Part ② …………………………………147
4. 事前説明事項の重要チェック項目 Part ① ……………………150
5. 事前説明事項の重要チェック項目 Part ② ……………………153
6. 事前説明事項の重要チェック項目 Part ③ ……………………155
7. 契約に至るまでの注意点 …………………………………………158
8. フランチャイズ契約の特徴とその理解 …………………………161
   コラム9 「契約」 …………………………………………………165

## ステップ **10** —— 開業前準備（人事面）

1. スタッフの採用・育成・戦力化がいかに重要かを理解する ……169
2. 開業に必要なスタッフ人員の把握 ……………………………172
3. 必要なスタッフ人員を確保するための費用計画 ……………174
4. 開業までの育成トレーニング計画と費用見積もり ……………177
5. 開業後のスタッフ育成体制の計画作り …………………………179
   **コラム 10** 「開業前準備（人事面)」………………………………183

# トラブル回避 Q&A

1. 加盟契約 ……………………………………………………187
2. 売上予測 ……………………………………………………190
3. 加盟金 ………………………………………………………193
4. ロイヤルティ ………………………………………………194
5. テリトリー …………………………………………………195
6. 店舗運営 ……………………………………………………197
7. 競業禁止 ……………………………………………………200
8. 秘密保持 ……………………………………………………201
9. 商標 …………………………………………………………201
10. 契約の終了 …………………………………………………202
11. 違約金 ………………………………………………………204

# フランチャイズ用語集 …………………………………………205

ステップ**1**

# 独立の
# 決意と自己分析

## 独立事業者としての心構えを持つ

　フランチャイズビジネスを始めるということは、フランチャイズ本部に雇用されるということではありません。対等なパートナーとしてフランチャイズ本部とフランチャイズ契約を結び、独立事業者として本部とともに共同事業を行うことがフランチャイズビジネスです。

　では、フランチャイズビジネスで成功するために、最も大切なことは何でしょうか。この章では、まずフランチャイズ加盟に至るまでの全体像を確認し、フランチャイズ加盟ありきではなく、「本当に自分がやりたいこと」を見つけるためにしっかりと自己分析を行います。さらに、独立事業者として成功するための資質や条件について学びます。

# 1. フランチャイズ加盟の全体像

このセクションの **Point**

1. フランチャイズ加盟に至るまでの全体像を学びましょう
2. 次章以降でわからないことがあればこのページに戻りましょう

## （1）おすすめのチェーンを教えてほしい！

フランチャイズ加盟希望者からの相談で最も多い質問は、「良いチェーンを教えてほしい」というものです。しかし、「良いチェーン」とはどのようなチェーンなのでしょうか。売上があがって儲かるチェーンでしょうか、加盟者の面倒見がいいチェーンという方もいるでしょう。あるいは、長い間仕事を続けられることや、お金よりも世の中に貢献できることを重視する方もいるでしょう。つまり、「良いチェーン」は人それぞれなのです。

起業を思い立ってからフランチャイズ加盟に至るまでには、考えなければならないことや、調べなければならないことがたくさんあります。「そもそも自分は経営者に向いているのか」、「なぜフランチャイズ加盟をするのか」、「大切にしている仕事の価値観はどのようなものか」、「あなた自身やあなたの家族にどんな将来像を描いているのか」などについて、まず自分に問いかけるところから始めなければ、自分の希望に沿うチェーンを見つけることなどできません。おすすめのチェーンを他人に聞いているようでは、まだスタートラインにすら立っていないと言えるでしょう。

## （2）加盟までのプロセスを明確にしよう

はじめてフランチャイズに加盟する場合、すべてがスムーズに進むことはまれで、ほとんどの場合は手探り状態の中、大なり小なり何らかの困難を乗り越えて、ようやく加盟契約にたどり着くことができます。

では、フランチャイズ本部選びの「困難」とは何でしょうか。

「自分には、どんな仕事が向いているのだろうか」、「どうやって情報収集をしたらいいのか」、「どうやって優秀な本部を見極めるのか」、「はたして自分にやっていけるのだろうか」など、わからないことだらけではないでしょうか。

そして最も「わからないこと」は、加盟までのプロセスがわからないというものです。自分が今どこにいて、どこに向かって進めば良いのかがわからない状態は、あなたを不安にするでしょう。

そこで本書では、加盟するまでのプロセスを大きく10のステップに分けました。

## (3) 加盟までの10のステップ

次のように、本書では加盟するまでのプロセスを10に分けました。さらにこれを基礎編と実践編に分割、そして、各プロセスをさらにブレークダウンし

**【図表1-1　加盟までのステップ～基礎編】**

| ステップ | テーマ | 項　目 |
|---|---|---|
| 1 | 独立の決意と自己分析 | □フランチャイズ加盟の全体像を把握する<br>□独立を成功させるための資質と条件を確認する<br>□10年後のビジョンを描く |
| 2 | フランチャイズ活用の検討 | □フランチャイズの仕組を正しく理解する<br>□フランチャイズが未経験者でも店が運営できる理由を知ろう<br>□フランチャイズには制約があることを理解する<br>□フランチャイズの類型を理解する |
| 3 | 本部の情報収集 | □業種ごとの特徴を知ろう<br>□幅広く情報を収集する<br>□展示会やフェアに参加する<br>□本部からの資料をチェックする |
| 4 | 本部の絞り込み | □事業説明会に参加する<br>□本部を訪問し、雰囲気を体感する<br>□加盟店へのヒアリングを実施する<br>□本部のトップと面談する |
| 5 | 本命本部の決定 | □6つのポイント（18項目）で本部を評価する<br>□レーダーチャートで見える化してみよう<br>□あなたとの相性を加味し最終判断する |

ステップ1～独立の決意と自己分析～

てより具体的な内容にしました。あなたが、迷ったり、どの方向に進むべきか
を悩んだりした時、このページに戻ってください。10 のステップは、「ここ
に至るまでにやり残していることはないか」、「今、やるべきことは何か」を明
示し、解決の道筋を示してくれるはずです。

**【図表 1-2　加盟までのステップ～実践編】**

| ステップ | テーマ | 項　　目 |
|---|---|---|
| 6 | 立地と売上予測 | □立地評価の重要性を理解する<br>□店舗候補地の立地を評価する<br>□売上予測の原理を理解する<br>□必要売上高を算出する |
| 7 | 資金調達 | □資金調達の方法について理解する<br>□リース契約について理解する |
| 8 | 利益計画・資金計画 | □利益計画と資金計画の違いを理解する<br>□利益計画・資金計画を作成する<br>□投資回収期間について理解する |
| 9 | 契約 | □契約に至る手順を理解する<br>□法定開示書面の重要性を理解する<br>□法定開示書面の記載事項を読み解く<br>□契約に至るまでの注意点を理解する |
| 10 | 開業前準備（人事面） | □採用・育成・戦力化の重要性を理解する<br>□開業に必要なスタッフの人員を把握する<br>□スタッフ確保のための費用計画を立案する<br>□スタッフ育成トレーニング計画を立てる<br>□開業後の育成体制の計画を作成する |

ワークブックでチェック！

　内容を理解し、実際に行動ができたら、【図表 1-1　加盟までのステップ～基
礎編】と【図表 1-2　加盟までのステップ～実践編】の□に✓を入れよう。

1. フランチャイズ加盟の全体像

# 2. 独立を成功させるために必要な資質と条件

## このセクションの Point

1. 独立を成功させるための資質と条件を理解しましょう
2. 上記の資質や条件を備えているか自己分析をしてみましょう
3. 資質を向上させるために、繰り返しチェックリストを活用しましょう

## （1）独立を成功させるために必要な資質とは？

「蓼喰ふ虫も好き好き」、「十人十色」ということわざがあります。いい悪いということではなく、人には持って生まれた「性（さが）」というものがあるのです。ビジネスの世界でも、経営者になるより経営者の右腕として経営者を支えることが向いている人がいます。営業の最前線で営業マンとしては大活躍できても、管理職に登用されるとちっとも能力を発揮できない人もいます。同様にフランチャイズ加盟にまったくの不向きという方はいるのです。例えば、創意工夫が得意で、次々とビジネスのアイデアが浮かんでくるような人は、フランチャイズ加盟するより、自分で事業を興した方がいいでしょう。へそ曲がりや天邪鬼といったユニークなキャラの持ち主がフランチャイズ加盟すると、本部と良好な関係を築けないかもしれません。しかし、もし、あなたがそうであったとしても心配はありません。ありのままのあなたをあなた自身で理解し、問題の部分を直していけばいいのです。

ここでは、独立を成功させるために必要な資質・条件を、「性格編」と「経営者編」の二つのチェックリストを用いて、自分に足りていない点は何かを把握するワークを行います。ただ、今の段階で点数が低くても心配する必要はありません。このワークブックを活用すれば、必要な資質が何であるかがわかるので、それらを身に付けていく努力をしてください。人間は変わることができるのです。

ステップ1 ～独立の決意と自己分析～

## （2）やるのはあなたです

　フランチャイズビジネスは、他のすべてのビジネスと同様、基本は自己責任であるということをはじめにしっかりと理解しましょう。フランチャイズにはメリットもあれば、デメリットもあります（メリット・デメリットについてはステップ２で詳しく説明します）。本部に依存してしまいがちになることも、フランチャイズビジネスのデメリットの一つです。本部と加盟者は対等なパートナー関係であることをしっかりと肝に銘じていない加盟者が陥りやすい罠だと言えます。

## （3）「素直さ」や「謙虚さ」を持とう

　一方で、周りの意見やアドバイスを受け入れる「素直さ」や「謙虚さ」も必要な資質の一つです。フランチャイズの場合、本部は直営店を繁盛させてきたという実績やノウハウを持っています。本部は、なんとか加盟者が成功するように、今まで培ってきたノウハウを駆使してアドバイスを行っています。そのアドバイスに対して、「いちいち指図されたくない」という態度ではせっかくの本部のノウハウを生かすことはできません。

## （4）惜しまず努力しよう

　初めから完璧なビジネスを展開できる人などいません。すべての経営者は、自問自答し、良い先例を学び、先輩や専門家の助言を受け、少しずつ自らの努力によってビジネスを良いものにしていきます。ウサギとカメの有名な寓話を引き合いに出すまでもなく、ビジネスを成功に導くためには「良い経営者になる」ために一歩一歩地道に前進することが必要不可欠なのです。

### ワークブックでチェック！

　　8～10ページのチェックリストを用いて、独立して成功するための資質や条件を備えているかチェックしてみましょう。

2. 独立を成功させるために必要な資質と条件

【図表 1-3　適性チェック評価表】

| 該当項目数 | 評　価 |
|---|---|
| 25 〜 22 | フランチャイズ加盟に適した資質があります。自助努力を忘れなければ前途有望です。 |
| 21 〜 17 | チェックリストで○にならなかった項目を再度見直しましょう。努力次第で道は開けます。 |
| 12 〜 16 | 決断は慎重にしてください。このワークブックでフランチャイズ加盟の目的を再認識した上で、本当にフランチャイズ加盟が良いのかどうか、時間をかけ考えてみてください。 |
| 11 〜 0 | 残念ながら、今のままではフランチャイズ加盟には不向きです。しかし、自分の課題を理解することで大きな成長も見込めます。このワークブックでフランチャイズビジネスについて、理解を深めましょう。 |

ステップ1〜独立の決意と自己分析〜

【図表 1-4　セルフチェックリスト（性格編）】

| No. | チ ェ ッ ク 項 目 | チェック欄 |
|---|---|---|
| 1 | 独立心が強い | |
| 2 | 他人の忠告や指導を素直に聞くことができる | |
| 3 | 現実を冷静に見て判断できる | |
| 4 | 良い経営者になる努力を惜しまない | |
| 5 | 改善、改革を好む | |
| 6 | 小さな集団でも先頭に立ちたい | |
| 7 | 責任感は強いほうである | |
| 8 | 人と話をすることが好きだ | |
| 9 | 安定・平穏よりもチャレンジを求めることがよくある | |
| 10 | 過去の成功にこだわらない側面を持つ | |
| 11 | 成功した人物の話に興味を持つ | |
| 12 | 人より早くやることが好きである | |
| 13 | 負けず嫌いなところがある | |
| 14 | バランスを重視することがある | |
| 15 | 物事をはっきりと述べるほうである | |
| 16 | 体力的な無理はない | |
| 17 | 家族の協力を得られる（従業員としても労働ができる） | |
| 18 | 親戚とは良い関係である | |
| 19 | 行き詰まった時は相談できる人がいる | |
| 20 | 加盟しようとする業界に友人がいる | |
| 21 | 以前勤めていた職場などの友人とも交流がある | |
| 22 | フランチャイズ店や商売をやっている友人がいる | |
| 23 | 開店後の自分の家族、自分自身のイメージが描ける | |
| 24 | 簡単というだけでチェーンを選択していない | |
| 25 | サラリーマンと商売は違うと認識している | |

チェック欄の○の数を数えて、記入してください→　　　　　　/25

2. 独立を成功させるために必要な資質と条件

## 【図表 1-5　セルフチェックリスト(経営者編)】

| No. | チ ェ ッ ク 項 目 | チェック欄 |
|---|---|---|
| 1 | 開業資金とは別に、半年分の生活費を貯えている | |
| 2 | 金融機関からの融資を受けることができる | |
| 3 | 生活費の試算を行ってみた | |
| 4 | 親戚などに万が一のときに融資の相談ができる人がいる | |
| 5 | 生活のランクを落として生活することができる | |
| 6 | 店長や経営者の経験がある | |
| 7 | 損益計算書、賃借対照表などの財務諸表を読める | |
| 8 | 従業員を使ったり、上司として部下を持ったことがある | |
| 9 | 顧客に対して自ら接客や対応ができる | |
| 10 | 集団で行動していく喜びを強く感じるほうである | |
| 11 | 人を育てることが好きである | |
| 12 | 思い付きではなく論理的に思考することができる | |
| 13 | 将来こうなりたいというビジョンを示すことができる | |
| 14 | 決めなくてはならないことは自分で決断する | |
| 15 | 時代の流れに敏感である | |
| 16 | 人を喜ばせたり、笑わせたりすることが好きである | |
| 17 | 高い倫理性があり、不正には決して手を貸さない | |
| 18 | 難しい課題でも目標達成まで努力を続けることができる | |
| 19 | 失敗した時、素直に自分の非を認めることができる | |
| 20 | 仕事を楽しいと感じることがある | |
| 21 | 想定外の事態が起こっても柔軟に対応できる | |
| 22 | 難解な契約書でも意味を理解できるまで読み込む積りだ | |
| 23 | フランチャイズ業界関連の書籍を読んだ | |
| 24 | フランチャイズについてのセミナーを受講したことがある | |
| 25 | 本部の役割と加盟店の役割を説明できる | |

チェック欄の○の数を数えて、記入してください→　　　　　　　　　/25

ステップ1 ～独立の決意と自己分析～

# 3. 10 年後のビジョンを描こう Part ①

このセクションの **Point**

> 1. フランチャイズ選びはまず自分を知ることからはじまります
> 2. 自分の経験、資源、興味・関心、価値観を棚卸ししてみましょう

### (1) 自分の棚卸し

「本部選びは結婚相手選びとよく似ている」といわれています。

相手を選ぶ前に、まず自分について棚卸しをし、自分が求めている本部はどのようなものなのかを明らかにしておくことが大切です。

例えば、活動的で一ヵ所にじっとしていることが苦手な人は、お客様が来店するのを待つ店舗ビジネスより、営業中心の無店舗型サービス業が向いているかもしれません。仲間と協調してリーダーシップを発揮することが得意な人は、バイトスタッフを多く雇うＣＶＳや学習塾が合っているかもしれません。このように、人により最適なチェーンは異なります。

自分に最もふさわしい相手（本部）を見つけるために、まずは自分自身を理解しておくことが大切です。

### ワークブックでチェック！

（ア）経験を棚卸しする

|  | 勤務先 | 役割 | 発揮した・身につけたスキルや知識 | ワクワクした経験 ※ |
|---|---|---|---|---|
| 例 | A 食品㈱ | 営業部主任、新規開拓営業 | 見込み客のピックアップ、アポ取り、コミュニケーション力 | 大口顧客の開拓で社長賞を受賞したこと |
| 経歴1 |  |  |  |  |
| 経歴2 |  |  |  |  |

※ ワクワク経験をメモしておくと、後に行う価値観の選択がやりやすくなります。

## （イ）資源を棚卸しする

| 資源の種類 | 自分がつかえる資源 |
|---|---|
| ヒト<br>人脈、家族、スタッフ候補 | |
| モノ<br>土地、設備 | |
| カネ<br>自己資金、担保、調達先の目処 | |
| 情報<br>資格、知識 | |

※ 今自分が持っている「資源」を洗い出しましょう。

## （ウ）興味・関心を棚卸しする

| 興味・関心 | |
|---|---|
| やってみたいこと | |
| やりたくないこと | |

※ やってみたいことの例：世の中に貢献したい、チームで仕事など
※ やりたくないことの例：帳簿つけ、飛び込み営業、24時間営業など

## （エ）価値観を棚卸しする

| 価値観 | ○ | 順位 | 価値観 | ○ | 順位 |
|---|---|---|---|---|---|
| 人に力を与え、支援する | | | 自分で決断し行動する | | |
| 責任と権限を持つ | | | 社会の利益のために働く | | |
| 社会から評価される | | | いろいろな挑戦をする | | |
| 上質・高級なものを保有する | | | 才能と個性を活かす | | |
| プライベートを確保する | | | 美を創造する | | |
| 安定した生活を送る | | | 完璧に計画を達成する | | |
| チームを組んで協調する | | | リスクに挑戦し冒険する | | |

Q1　14の価値観のうち当てはまるものに「○」をつけましょう
Q2　「○」をつけた価値観に自分にとっての優先順位をつけましょう

ステップ1 〜独立の決意と自己分析〜

# 4. 10 年後のビジョンを描こう Part ②

## このセクションの Point

1. ビジョンは経営の羅針盤になります
2. 棚卸しの結果を踏まえ 10 年後のビジョンを描いてみましょう

### （1）ビジョンを描く

　ビジョンとは将来のある時点でどのような発展を遂げていたいか、成長していたいかなどの構想や未来像のことです。5 年後や 10 年後をより具体的に描くことで、それを実現するための道筋も見つけやすくなります。ビジョンを持たずに事業をするということは、目的地を定めずに海へこぎ出すようなもの。遭難の危険が大きくなります。

　また、ビジョンというと仕事の面だけを考えて作りがちですが、これから新たに仕事を始めようとしている皆さんは、「どのような人生を送りたいか」という視点でビジョンを描き、その一部が仕事であるというように考える方がビジョンを作りやすいものです。そうすることで、自分にとってよりふさわしい本部を選びやすくなるでしょう。

---

**目を閉じて、100 歳の誕生会の場面をイメージしてみましょう。**

　会場にはたくさんの人たちが集まり、次々に笑顔であなたに祝福の言葉をかけます。そこへあなたと最も親交の深いひとりが代表として、あなたの人生や人柄がよく伝わる祝辞を述べてくれます。

質問1 ： どのような祝辞をもらいたいですか？（例えば、最高のリーダー、大きく事業を成長させた、働く人たちを幸せに導いた、この業界を大きく変えた、地域社会に貢献した……など）

**質問2**：そのような人生を送るために、あなたは10年後にはどのような資質を身に着ける必要がありますか？　どんな家庭を作りたいですか？

**質問3**：10年後、あなたは加盟者としてどのように采配を振るっていますか？店舗は何店舗ありますか？従業員にはどのように評されていますか？年収はどの位ですか？

## ワークブックでチェック！

【自分への祝辞からビジョンを作ってみよう】

**Q1**：どのような祝辞をもらいたいですか？

**Q2**：そのような人生を送るために、10年後にどうなっている必要がありますか？

**Q3**：10年後、あなたはどのような加盟者になっていますか？

ステップ1 ～独立の決意と自己分析～

## コラム1 「私のやりたいこと」

【登場人物】井崎香奈42歳：埼玉で両親と同居、中堅企業で人事総務を担当している。37歳の時にあこがれだったカフェのオープンを目指すも、資金面などで断念。今は自己資金も貯まったものの、開業に対する不安が多く具体的な一歩が踏み出せずにいる。

### 「本当に自分のやりたいことはなんだろう」

大学を卒業して、20年間のOL生活。会社では頼りにされる存在だけど、月曜日の朝は決まって憂鬱な気分になってしまう。会社という組織の中で働くことに息苦しさを感じるのだ。仕事は嫌いではないのだが、決して満ち足りてはいない。

これまでに2度ほど結婚を意識した時があったけれど、決断できないままに時が流れていった。同居する両親のこともあり、今は結婚願望も遠のいてしまっている。

そんな時、ふっと、小学3年生のときに書いた作文のことが頭をよぎった。作文のタイトルは「私の夢」。

その中で、「大きくなったらお店屋さんになりたい」と書いたことを思い出した。カフェをやりたいと思い立ったことも、小さい頃の夢の延長線だったのだ。

ステップ**2**

# フランチャイズ
## 活用の検討

## フランチャイズビジネスの仕組みを理解する

　「フランチャイズ」という言葉はわたしたちの日常にあふれています。コンビニエンスストアがフランチャイズビジネスであることはみなさんもご存知だと思います。「あ～、あのオーナーを募集しているビジネスね」。

　実はそんな単純なものではありません。

　本章ではなぜフランチャイズビジネスがここまで発展してきたのか、仕組みはどうなのかを学び、あなたにとってフランチャイズ加盟が適切な方法なのかを見極めましょう。

# 1. フランチャイズの基礎知識

## このセクションの Point

1. フランチャイズの仕組みを理解しましょう
2. フランチャイズ加盟のメリット・デメリットを理解しましょう

## （1）フランチャイズの仕組みと定義

（ア）フランチャイズの仕組み

　フランチャイズとは、本来は「特権を与える」という意味を持ちます。本部は加盟店に本部が開発したブランド、店舗の運営ノウハウ、商品やサービスを使って商売をする権利や本部による継続的な指導を受けるという特権を与え、一方、加盟店は本部に加盟金やロイヤルティなどのお金を支払います。こうした仕組みをフランチャイズという訳です。

【図表 2-1　フランチャイズの仕組】

出所：『よくわかる！フランチャイズ入門』（同友館）に加筆

（イ）フランチャイズのポイント

　本部と加盟店は、法律的にも財務的にもそれぞれ独立した経営体として「共同事業」を行うのであって、「共同経営」をするということではありません。また、両者は上下関係にあるのではなく、あくまで契約を結んだビジネスパー

トナーとしての対等な関係です。したがって、本部の経営の成功・失敗は、本部の経営者が負い、加盟店の経営は加盟店の経営者が負うものです。加盟店は自身の能力と努力次第で業績が左右されることも理解しておく必要があります。実際に店でお客様に対して商売をするのは加盟店で、本部は、指導はしてくれても代わりに店の営業をしてくれるわけではないのです。

　次に、本部と加盟店はフランチャイズ契約によってお互いの権利・義務が規定されています。フランチャイズ契約は、商取引に係わる「契約」であり、消費者契約ではありません。よって、一度交わした契約をなかったことにするクーリングオフはできませんので、注意が必要です。

（ウ）フランチャイズの定義

　一般社団法人日本フランチャイズチェーン協会（JFA）では、以下のようにフランチャイズを定義しています。

---

　フランチャイズとは、事業者（本部）が、他の事業者（加盟希望者）との間に契約を結び、自己の商標、サービスマーク、トレード・ネームその他の営業の象徴となる標識、および経営のノウハウを用いて、同一のイメージのもとに商品の販売その他の事業を行う権利を与え、一方、加盟店はその見返りとして一定の対価を支払い、事業に必要な資金を投下して本部の指導および援助のもとに事業を行う両者の継続的関係をいう。

---

## （2）フランチャイズのメリット・デメリット

　独立開業をするには、様々な方法があります。その中でフランチャイズでの開業が常に一定のニーズがあるのはなぜでしょうか。それはフランチャイズならではのメリットがあるからに他なりません。メリットを上手に活用することがフランチャイズでの成功のカギとなるということができるでしょう。ただし、当然のことですが、フランチャイズにはそれなりのデメリットがあります。

　フランチャイズがビジネスである以上、当然にリスクも存在します。「デメリット＝リスク」と考えることができるでしょう。フランチャイズ加盟を考え

る場合、メリットばかりに目を奪われず、デメリットについてもしっかりと確認をしておく必要があります。一旦、フランチャイズ契約を交わしてしまうと契約を解除することは簡単なことではありません。

　以下、フランチャイズのメリット・デメリットをまとめますので、フランチャイズでの開業を採用するかどうかの参考としてください。

【図表 2-2　フランチャイズのメリット・デメリット】

| メリット | デメリット |
|---|---|
| ●独自の開業に比べ失敗のリスクが低い<br>本部が直営店経営によりその有効性を検証したビジネスモデルを使うので、失敗のリスクを抑えられる。 | ●本部の良し悪しにより業績が左右される<br>ノウハウの蓄積が不十分なチェーンに加盟してしまうと加盟店は業績を上げるのが困難となる。財務面で不安がある本部は、倒産することさえある。 |
| ●事業経験がなくても開業が可能<br>まったくの未経験者でも開業ができる教育研修体制・マニュアルが整備されている。 | ●加盟店の独自性が出しにくい仕組みである<br>フランチャイズでは本部が決めた販売促進策や商品政策に従う義務があるため、加盟者の創意工夫の余地が少ない。 |
| ●比較的小資本で開業できるチェーンもある<br>サービス業を中心に、比較的初期投資が抑えられるチェーンもある。最近は、加盟金の額を抑えた加盟形態（月々のロイヤルティの支払は重い）が増えている。 | ●本部に依存してしまうことがある<br>本部のサポートに慣れてしまうと、本部に依存してしまい経営・販売努力を怠る危険性がある。 |
| ●店舗運営に専念できる<br>商品開発や仕入れ先の開拓、販売促進などは本部が担当するため加盟店は店舗運営に専念できる。 | ●加盟金やロイヤルティが必要<br>フランチャイズ加盟するには加盟金が必要であり、定期的なロイヤルティ支払も発生する。 |
| ●スケールメリットの享受<br>チェーン全体の取引量が拡大されるので、有利な条件で店舗建設や商品仕入れなどが可能になる。 | ●契約面での制約が大きい<br>フランチャイズ契約には、競業禁止義務や守秘義務などの様々な規定が盛り込まれ、契約期間中はもちろん、契約終了後についても制約を受けることがある。 |
| ●素早く開業ができる<br>本部の研修システムや開業サポートにより、短期間で開業できる。 | ●契約条件は画一で交渉余地が少ない<br>本部は、加盟者によって契約内容を変えるということは、基本的には行わない。 |

出典：『よくわかる！フランチャイズ入門』（同友館）に加筆

1. フランチャイズの基礎知識

# 2. フランチャイズビジネスの発展

## このセクションの Point

1. フランチャイズビジネスが日本で発展した背景を理解しましょう
2. フランチャイズビジネスは身近にある成長産業であることを理解しましょう

### (1) フランチャイズの歴史

　フランチャイズビジネスの起源は 1850 年代アメリカのミシン販売会社であるといわれていますが、私たちがイメージする「フランチャイズ」の元祖は第二次大戦後に登場した「ケンタッキー・フライド・チキン」、「マクドナルド」だといえるでしょう。

　国産のフランチャイズは 1963 年に始まった「ダスキン愛の店」や洋菓子の「不二家」が最初だといわれています。1970 年台初頭には前述の「ケンタッキー・フライド・チキン」「マクドナルド」「ミスター・ドーナッツ」等が続々登場し、外食分野を中心に一気に市場を席巻しました。

　やや遅れて 1973 年に西友ストアーが「ファミリーマート」を、ダイエーが「ローソン」を、1974 年にはイトーヨーカドーが「セブンイレブン」事業を開始し、コンビニエンスストアのフランチャイズチェーンが展開されるようになりました。

　フランチャイズの領域は、小売業、外食業、サービス業に分類され、その業種は多岐にわたります。

### (2) 身近なフランチャイズ

　特に都市部では、駅前を見回すと様々なチェーン店の看板を目にしますが、実はフランチャイズ店であることが多くあります。以下に代表格ともいえるチェーンの一部を挙げてみます。

ステップ 2 ～フランチャイズ活用の検討～

| 小売 | ダイソー／業務スーパー／オートバックス／ゴルフパートナー／オンデーズ／ブックオフ／ハードオフなど |
|---|---|
| CVS | セブンイレブン／ローソン／ファミリーマート／ミニストップなど |
| 外食 | マクドナルド／ケンタッキー・フライド・チキン／ミスター・ドーナッツ／モスバーガー／ほっかほっか亭／ほっともっと／大戸屋／やよい軒／ピザーラなど |
| サービス | ダスキン／KUMON／明光義塾／QBハウス／TSUTAYA／ユニバーサルホーム／車検のコバック／茶話本舗など |

## （3）フランチャイズの現状

　フランチャイズに関わる最新の統計データは以下になります。

　国内のフランチャイズの店舗数は 26 万店を突破し、売上の合計は 24 兆円を越えています。日本経済において、フランチャイズはその存在感をますます大きくしていると言えるでしょう。

　2015 年度の統計データ（2015 年 4 月〜 2016 年 3 月）は、ここ数年の好調さから比べるとやや厳しい内容となりました。大手ハンバーガーチェーンの大量閉店と売上高の減少が外食業全体の足を引っ張る形となりました。また、このところ成長を続けていたサービス業がやや停滞したのは、2015 年 4 月に介護保険法の改正があり、通所介護事業者（デイサービス）の経営環境が急激に悪化したことが背景にあると考えられます。これらの要因を除けば、フランチャイズは引き続き堅調に推移したと考えることができるでしょう。

### 【図表 2-3　フランチャイズの最新統計データ】

| | チェーン数 | | 店舗数 | | | 売上高（百万円） | |
|---|---|---|---|---|---|---|---|
| | チェーン数 | 増減 | 店舗数 | 増減 | 前年比（%） | 売上高 | 前年比（%） |
| 総計 | 1,329 | 8 | 260,992 | 1,868 | 100.7% | 24,594,527 | 101.9% |
| 小売 | 345 | 1 | 107,591 | 1,718 | 101.6% | 17,446,805 | 103.0% |
| （うち CVS） | 26 | 0 | 57,052 | 1,278 | 102.3% | 10,499,038 | 103.6% |
| 外食業 | 569 | 7 | 58,548 | - 362 | 99.4% | 4,058,002 | 98.9% |
| サービス業 | 415 | 0 | 94,853 | 512 | 100.5% | 3,089,720 | 100.2% |

※店舗数は各チェーンの加盟店・直営店数の合計、売上高は加盟店・直営店の店舗末端売上高。CVS ＝コンビニエンスストアの略

出典：日本フランチャイズチェーン協会統計調査資料（2016 年 10 月 25 日公表）

## （4）フランチャイズの成長

日本にフランチャイズビジネスが登場して約50年。フランチャイズという言葉の浸透に比例してフランチャイズの売上規模は拡大してきました。日本フランチャイズチェーン協会が統計調査を開始した1983年と比較して、売上高は7倍にも伸びています。この間、日本経済の規模を表すGDPの平均伸び率は2.2%程度であるのに対し、フランチャイズ売上の平均伸び率は6%を超えています。フランチャイズは、日本経済全体の約3倍のスピードで成長してきたと言えるかもしれません。

さらに付け加えれば、この間、日本経済にはバブル崩壊をはじめとする幾多の不況に直面しマイナス成長に陥りました。ところが、フランチャイズに関しては、チェーン数、店舗数、売上高のすべての分野でほぼ一貫して拡大、安定的な成長を続けています。

将来においても、フランチャイズの市場規模は確実に拡大するものと考えられます。フランチャイズは日本経済の中の数少ない成長セクターなのです。

【図表2-4　フランチャイズの成長の軌跡】

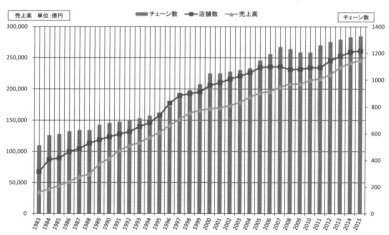

出典：日本フランチャイズチェーン協会統計調査資料

## （5）進化し続けるフランチャイズ

　図表2-4のチェーン数の伸びは、それだけ新しいチェーンが出てきていること表しています。もちろん、ビジネスがうまくいかず不本意ながらも市場から脱落したチェーンもありますが、それ以上に新陳代謝が進み常に新しい業態が生み出されていると言えるでしょう。

　また、加盟店サイドから考えた場合、メガフランチャイジーと呼ばれる成功者が数多く出現しています。メガフランチャイジーとは、一般的に店舗数30または売上高20億円以上のフランチャイズ加盟者と定義されます。こういった将来像の可能性も念頭におきながら本書のワークに取り組んでみましょう。

### ワークブックでチェック！

> 　前述「（2）身近なフランチャイズ」で挙げたブランド名を参考に、小売、CVS、外食、サービスのフランチャイズ店舗を実際に利用し、チェーン店ならではの統一された店舗運営の印象と、同業他店と差別化された特徴を書いてみましょう。

| 業種 | ブランド | 店舗運営の印象 | 同業他店との差別化要因 |
|---|---|---|---|
| 小売業 | | | |
| CVS | | | |
| 外食業 | | | |
| サービス業 | | | |

# 3. 未経験者でも店舗運営ができる仕組み

このセクションの **Point**

> 1. フランチャイズの要であるマニュアル・研修・指導について理解しましょう
> 2. スーパーバイザーの役割について理解しましょう

## （1）マニュアル

　アメリカでは、「Mc Job」という言葉があります。直訳すればマクドナルドの仕事という意味ですが、マニュアルに従うだけの単調な仕事という意味で使われます。裏返せば、マクドナルドでは、店内の業務は標準化されていて、マニュアルに従って仕事をすれば、だれでも同じクオリティーのマクドナルドを運営できるということになります。

　優秀なチェーンでは、店舗運営に関するあらゆる作業が標準化・体系化されており、これが「マニュアル」として整備されています。このマニュアルは営業ノウハウそのものであり、フランチャイズの根幹となるものです。

　とはいえ、すべてのフランチャイズチェーンのマニュアルが充実しているという訳ではありません。特に業歴が浅いチェーンの中には、マニュアル作成の業務が追い着かず、マニュアルの完成度が不十分なままフランチャイズ展開をしている例も見られます。

## （2）開業前研修

　加盟者が店をオープンする前に、開業前研修を受講します。開業前研修の内容は、座学と直営店での実地研修から構成されることが一般的です。大手チェーンの中には、実際の店舗をそっくりに模した研修施設をもっていて、そこで基本的なトレーニングをしているという例もあります。研修期間はチェーンにより数日から数ヶ月と様々です。研修内容については、およそ次の通りです。

ステップ2〜フランチャイズ活用の検討〜

（ア）本部の経営理念、チェーン理念の共有

（イ）店舗オペレーション

（ウ）経営管理知識

（エ）スタッフ採用などの労務管理

（オ）現場研修（OJT）

## （3）開業のサポート

　加盟者にとってなくてはならない支援は、店を作って事業を立ち上げることに対するサポートでしょう。本部は、加盟者に対して、必要資金の調達方法、店舗物件を選択するための立地評価、役所への許可申請、合理的な店舗の設計と内外装の施工、最適な機械設備のあっせんなどについての助言やサポートをしてくれるはずです。また、開業日前後の一定期間、本部がスタッフを派遣し、加盟者店舗のオープンをサポートしてくれる場合もあります。

## （4）開業後支援とスーパーバイジング

　開業前研修を経て無事に開業してからは、加盟者は本部の指導に従って店舗運営をしていかなければなりません。とはいえ、開業前研修で教わったことを実行したり、マニュアルに従ったりするだけで、店の経営が思い通りにできるというものではありません。

　ようやく独り立ちした加盟店を支え、指導してくれるのが「スーパーバイザー」と呼ばれる存在です。

　開業後に継続的に本部が加盟者を支援することは、フランチャイズが他のチェーンシステムと異なる点です。フランチャイズが活況であるのに対して、他のチェーンシステムがそれほど成果を上げていない理由の一つは、フランチャイズが有するスーパーバイジング機能にあるともいえるでしょう。フランチャイズにおいて、スーパーバイジングは極めて重要な要素なのです。スーパーバイザーが持つ機能は次の通りになります。

3. 未経験者でも店舗運営ができる仕組み

（ア）コンサルティング機能

　加盟店に対して外部から客観的に現状業務を観察して現象を認識、原因を分析し、問題点を指摘し、改善提案をします。

（イ）カウンセリング機能

　さまざまな問題や課題を抱え、その解決を求めようとする加盟者に対して心理的援助を行います。カウンセリングの領域は、労使関係や家庭・家族に及ぶ場合もあります。

（ウ）コミュニケーション機能

　スーパーバイザーは、本部と加盟者をつなぐパイプ役として、加盟者に対し本部からの連絡事項を伝達すると共に、加盟者の要望を収集する役割もあります。さらには加盟者に行った経営指導や加盟者からの相談内容を本部に報告することも重要な役割です。

（エ）コーディネーション機能

　本部は加盟者に対して様々な指示や提案をしてきます。一方、加盟者も本部に対していろいろな要望があります。ところが、お互いに相手の言い分を全部受け入れるわけにはいかない場合があります。そこで、両者の間に入り、調整役を担ってくれるのがスーパーバイザーなのです。

（オ）コントロール機能

　スーパーバイザーは加盟者が契約や本部の指導を守っているかをチェックするという役割も担います。加盟者が契約違反をしたり、本部の指導を守っていない場合、スーパーバイザーは契約を守り本部の指示に従うように求めてきます。

（カ）プロモーション機能

　本部が企画した販促に参加してもらう、本部が開発した新商品を取り扱ってもらうなど、本部の営業マンという役割もあります。


## (5) スーパーバイザーとの付き合い方

　スーパーバイザーの最も大切な仕事は、加盟店が売上や利益をあげるためのアドバイスをすることです。このとこは、結果的に本部の利益にも通じます。

ステップ2〜フランチャイズ活用の検討〜

スーパーバイザーとの付き合い方は、信頼関係を構築するとともに、最大限に活用するというスタンスが重要です。

**ワークブックでチェック！**

> **Q** 下記の記述を読み、正しい記述には○を、誤った記述には×を（　）の中に記載しましょう。（解答はこのステップの最後のページに記載しています）

(1) マニュアルの指示よりも効率的な方法を発見した。この場合はマニュアル通りに作業しなくても良い。（　　）

(2) 本部の理念やチェーン理念は実務に関係ないので研修では優先順位が低い。（　　）

(3) 頼りになるので、重要な経営判断までスーパーバイザーに委ねる。（　　）
【回答は P236】


# 4. フランチャイズシステムの制約

このセクションの **Point**

1. 本部がフランチャイズ展開をする理由を考えてみよう
2. フランチャイズシステムの制約について理解しましょう


### (1) 本部がフランチャイズ展開をする理由

いろいろとフランチャイズについて学んできましたが、ここでは見方を変えてフランチャイズについて考えてみましょう。あなたは加盟者としてチェーンに加盟するわけですが、本部は何のためにフランチャイズ展開をするのでしょうか。フランチャイズ展開によるメリットはいろいろあるでしょうが、究極の目的は「規模のメリット」を得るということになるでしょう。

直営店を 10 店舗経営していた企業が、フランチャイズ展開をして直営店とフランチャイズ店の合計が 100 店舗になったと仮定しましょう。店舗数が

10倍になったことによる「規模のメリット」は計り知れないものがあります。

　例えば、10店舗では導入不可能な高機能情報システムを導入できたり、大規模な販売促進策が打てたり、効率的な物流システムが構築できるかもしれません。商品や食材の仕入では、納入業者に対しての交渉力が格段に高まります。店舗の内外装工事業者、看板や厨房の機械メーカーなどに対しても同じです。この結果、各店舗は合理的で効率的な経営が可能になります。本部はこうした規模のメリットを維持し、さらなる規模のメリットを求めようとします。そのためには、チェーン全体が繁盛し、成長しなければなりません。

　一方、フランチャイズ展開をするということは本部が開発したノウハウを加盟者に提供するということに他なりません。本部としては、そのノウハウをできる限り守っていかなければなりません。

## （2）フランチャイズシステムの制約

　フランチャイズ契約書の内容をみると、「加盟者は ×××××××× をしなければならない」という記載が多く登場します。これは、チェーン全体が繁栄するために、本部が、加盟者に、本部の決めた基準を守って店を運営する義務を課しているわけです。同様に、本部が開発したノウハウを守っていくための規定も盛り込まれているのです。これらは、加盟者にとっては制約になるわけです。

　以下にいくつかの制約の例を挙げます。

（ア）マニュアルに従って店を運営しなければならない

（イ）店舗の仕様について本部の検査をパスしないと開業できない

（ウ）本部が指定した設計業者以外に設計を頼めない

（エ）本部の指定業者から機械・設備を購入しなければならない

（オ）本部が指定するレジシステム以外は導入できない

（カ）本部又は本部の指定業者から商品や食材を購入しなければならない

（キ）本部が企画した販促に参加しなければならない

（ク）定休日や営業時間を自分で決められない

（ケ）守秘義務が課せられていている

（コ）オリジナルのホームページを作ることができない

（サ）スーパーバイザーが訪問する際、様々な事項をチェックしていく

（シ）日常の報告以外にも、決算書や確定申告の写しを提出する義務がある

（ス）契約期間中と終了後の一定期間、類似事業を営業できない

　加盟をする前にこうした制約があることを知ってしまうと、フランチャイズ加盟を躊躇ってしまう方がいるかもしれません。しかしながら、フランチャイズ加盟をする場合、こうした制約は必ずついて回ると考えなければなりません。

**ワークブックでチェック！**

> 　下記の記述を読み、空欄に入る適切な語句を枠線内の語群から選んで記入しましょう。（解答はこのステップの最後のページに記載しています）

（1）フランチャイズシステムには通常制約が　①　。

（2）本部と加盟店は　②　である。

（3）本部のノウハウは　③　により、外部に流出しないように守られている。

| （ア）ある | （イ）ない | （ウ）ビジネスパートナー | （エ）運命共同体 |
|---|---|---|---|
| （オ）法律 | （カ）契約 | | |

【回答は P236】

# 5. 独立開業とフランチャイズの類型

このセクションの **Point**

> 　1．フランチャイズの類型について学びましょう
> 　2．自分が向いている独立のタイプを確認してみましょう

## （1）フランチャイズの類型と向いているタイプ

　フランチャイズが何であるかについては前述のとおりですが、フランチャイズ類型として以下に4タイプを示します。一概にフランチャイズと言っても、

5. 独立開業とフランチャイズの類型

様々なタイプがあることを理解しましょう。

【図表 2-5　フランチャイズの類型】

| フルパッケージ型 | 定義通りのフランチャイズの類型です。決まったパッケージのもとで開業から運営まで継続的に本部の支援・指導を受けます。フルパッケージ型での独立は、まったくの未経験者や多少のコストをかけてでも最短距離で成功するための支援を受けたい方に向いているでしょう。 |
|---|---|
| 開業請負型 | 「開業支援コンサルティング」に近い形態です。開業までの支援を重点的に行うため、ロイヤルティは少額です。パッケージライセンスビジネスに近い形態です。開業請負型での独立は、継続的な指導はあまり期待できないので、運営に関してはある程度の自信がある方に向いているでしょう。 |
| 商材提供型 | 本部が商品や製品の販売量を拡大するために展開するフランチャイズチェーンです。仕入は本部又は本部の指定業者に限られることが多いようです。100円ショップやアパレル系のフランチャイズはこのタイプに属します。本部のサポートは、商品の販売に限定されている場合が多く、経営面のサポートは望めないこともあります。 |
| 従業員のれん分け型 | 社内独立制度のある会社に一旦勤務し、一定の能力が認定されたのちに独立するタイプです。このタイプでの独立に、時間をかけてノウハウの優位性や本部との相性を確認することができます。ですが、独立希望者の資質によっては独立が認められない場合もあります。<br>　最近では、一定期間、給料をもらいながら業務を体験し、加盟希望者がやれるかどうかを見極めたうえでフランチャイズ契約を交わすインターンシップ的な仕組みを採用するチェーンも増えています。 |

　本部自身が自らのチェーンのタイプを認識していないことが多いので、加盟者自身で加盟を検討しているチェーンがどのタイプに属するかを見極めなくてはなりません。どのタイプのチェーンであるかがわかれば、本部がしてくれるサポートの内容やあなた自身との相性がわかるでしょう。

## （2）自力での開業

　もちろん、フランチャイズ加盟が必要ないこともあります。それは、ご自身もしくはビジネスパートナーがすでに十分なノウハウを蓄積している場合です。自力での開業であれば、コストは実費のみなので開業・運営費用を抑えることができます。また、フランチャイズのような制約は一切ないので自由度の高い経営が可能になります。

ステップ 2 〜フランチャイズ活用の検討〜

ただし、以下のような場合はフランチャイズを検討しても良いでしょう。①短期間で開業したい場合、②知名度の高いブランドを活用し、集客力を高めたい場合、③法改正など、外部環境の変化が激しく個人ではキャッチアップが難しい業界の場合、④失敗するリスクを小さくしたい場合。

## ワークブックでチェック！

以下の簡易診断チャートでご自身に向いている開業形態を自己分析してみましょう。

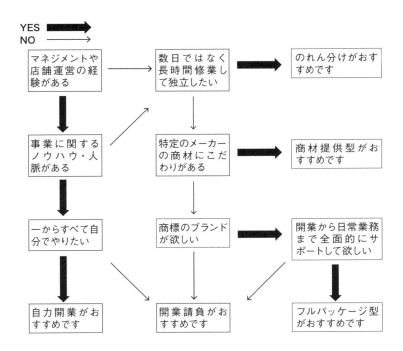

5. 独立開業とフランチャイズの類型

## コラム 2 「フランチャイズ活用の検討」

### 「いつかは自分のカフェを開きたい」

　自分の将来について話すとき、香奈は必ずそう一言添えていた。本気でカフェのオープンを考えたものの、イメージする店舗を作るのに軽く1000万円はかかると知り、断念したのが5年前。

　カフェの夢は持ち続けているが、今ではこの夢を言葉にする度に、何も具体的な行動ができていない自分を振り返り、チクリと胸が痛むのを感じるようになっていた。

　唯一の前進は資金面。貯金は1200万円になった。「もう踏み出すべき」そう思う反面、カフェで働いた経験がないこと、カフェ経営は難しいとされていることが次の行動へブレーキをかける。

　そんなある日、香奈は偶然に自分のイメージ通りのカフェに出会った。ナチュラルな内装、温かい接客、食材にこだわったデザート類、丁寧に入れられた薫り高いコーヒー。

「え！これがチェーン店なの？」

　ショップカードの加盟募集の文字に、香奈は初めてフランチャイズで開業するという形があることに気がついた。

ステップ **3**

# 本部の情報収集

## 本部の情報収集のポイントと方法を理解する

　フランチャイズチェーン加盟を決定するまでには、最初にフランチャイズビジネスに関する一般情報を幅広く収集することが必要となります。新聞、雑誌、インターネット、展示会、各種セミナー、書籍などの情報源からフランチャイズビジネスに関する基本情報を集めていきます。

　フランチャイズチェーンには様々な業種・業態が存在します。業種・業態によりフランチャイズビジネスの特性も異なります。自らがよく理解できないような業種・業態を選択することは避けて、自分（自社）に合った本部を選択することが大切です。

　このステップでは、本部や業界の情報収集のためのポイントや方法について解説します。

# 1. 業種の選択のための情報収集

このセクションの **Point**

> 1. 業種の選択のポイントを理解しましょう
> 2. 各業種の特徴を理解しましょう

## （1）業種の選択のポイント

### （ア）経験・興味

　ステップ1を踏まえ、これまでのキャリアや興味、適性などから判断します。これまでに経験がある業種のほうが成功する確率は当然高くなります。また、長期にわたって事業を行うわけですから、好きな業種でなければ長続きすることは難しいでしょう。

### （イ）資金

　どれくらいの資金を投入できるかも業種の選択のポイントになります。一般的には在庫が必要な小売業や厨房設備が必要な飲食業は初期投資が大きくなり、サービス業には比較的低額投資のものが多くなっています。

### （ウ）市場環境

　市場規模・成長性・競合状況に注目する必要があります。これらのデータは総務省統計データや業界団体などがウェブサイトで公開している統計データで調べることができます。ただし、成長性の高い業種は魅力的ですが、新規参入も多く競争が激しくなります。また、フランチャイズ業界の最新情報や社会経済環境の動向、消費者のライフスタイルや嗜好のトレンドなど様々な視点を普段から持っておいたほうが良いでしょう。

### （エ）家族の協力

　チェーンの中には、家族の協力が不可欠な場合があります。コンビニの場合、最大手のセブンイレブンは夫婦で店舗運営することが最適のユニットとし

1. 業種の選択のための情報収集

ています。コンビニ以外の業種でも家族の協力があると、店舗運営がやりやすい場合があります。

## （2）各業種の特徴

（ア）小売業について

　小売業は在庫を持って販売するビジネスです。商品調達の方法は様々にありますが、プライベートブランド商品やオリジナル商品を除けば商品そのもので差別化することは困難な業態でもあります。こうした特徴から、他の業種と比べて、相対的に売上は大きいものの加工度が低いため粗利益率が低く、投下資本に対する利益率や投資回収効率が低くなる傾向があります。小売業は需要予測が最も必要な業種であり、客層・立地に合わせた品揃えが必要となります。

　小売業の中でもコンビニは異質の業態と考えておいた方がいいでしょう。コンビニの店舗は本部が用意してくれるケースが一般的で、コンビニの本部は「大家さん」の役割も果たします。年中無休、２４時間営業が原則なため、多くのスタッフを確保して店を営業しなければなりません。売上規模は大きいのですが、加盟店が本部に支払うロイヤルティ（チャージ）の金額も膨大になります。それと、コンビニの場合、他のフランチャイズと異なり、契約期間が長い（１５年という例もある）という特徴があります。契約期間が満了まで、元気に働くことができる若さと健康が必要になります。

　リサイクル系のフランチャイズの場合も一般の小売業フランチャイズと大きく異なります。一般の小売業フランチャイズやコンビニの粗利率が相対的に低いことに比べ、リサイクル系のフランチャイズの場合は粗利益率が高い傾向にあります。また、買取と販売を兼ねるケースが多く、店舗の立地条件が重要な要素になることが多いようです。リサイクル系のフランチャイズでは、買取る商品に対する目利き力が評価ポイントとなるでしょう。

（イ）飲食業について

　飲食業の特徴は、まず初期費用が高額になりがちということです。物件取得費はもちろん、店舗イメージに合わせた内装工事、調理のための厨房機器など

ステップ3 〜本部の情報収集〜

がかかります。

　また、料理を作る（原価管理、在庫管理など製造業）・商品を売る（品揃え、販売促進など小売業）・接客する（おもてなし、従業員教育などサービス業）など多岐にわたる知識が必要となります。マスコミで話題になったと思ったらあっという間にブームが終了してしまうなど、流行り廃りが激しいのも特徴です。

　最近は若者の酒離れが進み、道路交通法の飲酒運転に対する厳罰化が定着しました。酒類を扱う飲食業の経営環境が大きく変化していることについても留意が必要でしょう。

（ウ）サービス業について

　サービス業の特徴は、サービスを提供する人材が商品であるとも言えるため、トレーニングの方法と高いサービスレベルを継続して維持する方法が、仕組みとして必要となります。また、顧客開拓に一定の期間を必要とするため事業が損益分岐点に届くまでの赤字の期間が他の業種に比べて長い傾向がある、店舗立地は路地裏や階上店舗などでもよい業態がある、などの特徴があります。

　また、サービス業フランチャイズでは無店舗型が増えています。無店舗型は店舗を構える必要が無いため、物件取得費などの初期投資や家賃などの経費を抑えることができるメリットがあります。一方、店舗を構えないため、お客様を獲得するための営業力が有店舗型以上に必要となるでしょう。

　デイサービスや介護用品のレンタルなどの介護系フランチャイズ、鍼灸マッサージや整体などの医療系フランチャイズ、学童保育などの保育関連フランチャイズは、国が法律を改正すると事業環境が激変し、まったく旨味のない事業になってしまうことがあるので、注意が必要でしょう。

## ワークブックでチェック！

> Q1. あなたが興味を持った業種業界（コンビニ・学習塾など）の市場規模、成長性、競合状況は把握していますか？

（市場規模）　　　　　　　　　円　　（成長性）対前年比　　　　　　　％

1. 業種の選択のための情報収集

(競合他社の数とその前年比)　　　　　　　　　社　　　　　　％

Q2. あなたが興味を持った業種のフランチャイズの最新情報は把握していますか？

(ステップ2「2.フランチャイズビジネスの発展」を参考にしてください)
(チェーン数)　　　　　　　　対前年比　　　　　　　　　　％
(店舗数)　　　　　　　　　　対前年比　　　　　　　　　　％
(売上高)　　　　　　　　　　対前年比　　　　　　　　　　％

# 2. 本部情報収集のポイント

このセクションの Point

1. 本部情報収集のステップを確認しましょう
2. 本部を選ぶポイントを確認しましょう

## (1) 本部情報収集のステップ

　まずは、(一社)日本フランチャイズチェーン協会のホームページ(JFAフランチャイズガイド)で興味のある業種業態の本部の情報を探してみるのがよいでしょう。(http://fc-g.jfa-fc.or.jp/)

## （2）本部を選ぶポイント

　フランチャイズの特徴として、本部の良し悪しにより業績が左右されます。本部の良し悪しを見極めるポイントとして、以下があります。

（ア）本部経営姿勢

　フランチャイズチェーンの理念がはっきり定められていて共感できるか、本部のトップは信頼できるパートナーになり得るのか、本部が示す将来のビジョンは明確かなどを確認します。

（イ）情報公開度

　ホームページでの情報公開は十分か、契約前に法定開示書面（ステップ９で説明）による契約概要の説明をするのかどうか、担当者がチェーンにとってマイナス情報であっても進んで開示するかどうか、などを確認します。

（ウ）事業運営力

　立地タイプごとのモデル店舗が確立されているか、取扱う商品やサービスは顧客からどのように評価されているのか、資金を投じて商品やサービスの開発に取り組んでいるのかを確認します。

（エ）加盟店支援力

　開業サポートや研修の内容は充実しているか、スーパーバイザーはどれくらいの頻度でどのような支援活動をしているか、などを確認します。

2. 本部情報収集のポイント

（オ）店舗収益性

　モデル損益・営業利益率は実態に則していて利益が取れる事業となっているか、初期投資額の回収期間はどのくらいか、を確認します。

（カ）加盟店満足度

　既存加盟店の声はもちろん、複数店舗を経営している比率、契約更新率は高いか、店舗の出店余地は大きいのか等を確認します。

　本部評価の基準についてステップ5でさらに詳しい説明をします。


ワークブックでチェック！👉

> あなたが興味を持った本部の特徴を、JFAフランチャイズガイドで確認してみましょう。

（経営理念）

（店舗数）　　　　　　　　　　　　　（出店数・閉店数）

（独自商品）　　　　　　　　　　　　（初期投資）

（ロイヤルティ）　　　　　　　　　　（契約期間）


# 3. 幅広い媒体からの情報収集


このセクションの **Point**

> 1．情報収集に役立つ媒体を確認しましょう
> 2．実際に媒体を確認して必要な情報を集めましょう


## （1）新聞・雑誌・書籍

（ア）日経ＭＪ

　毎週月・水・金曜日の週3回発行される新聞です。フランチャイズ展開する

企業の最新動向や、業界情報などが取り上げられているので、情報収集をするためには有用なメディア媒体です。

（イ）よくわかる！フランチャイズ入門（新版）

　フランチャイズビジネスに関するバイブル的書籍で、フランチャイズ入門書の決定版です。フランチャイズ加盟をお考えの方にとって、理解していただきたい内容が網羅されています。（一社）東京都中小企業診断士協会フランチャイズ研究会が執筆した書籍です。

## （2）Web サイト

（ア）ザ・フランチャイズ（http://frn.jfa-fc.or.jp/）

　経済産業省と（一社）日本フランチャイズチェーン協会が共同で運営するサイトです。加盟希望者が本部を選択するための情報を提供しています。

　特に、一部の企業が本部の概要やフランチャイズ契約書の要点を記載した法定開示書面を公開しているため、興味のある本部や業界の法定開示書面を見ておくとよいでしょう（法定開示書面についてはステップ9で詳しく説明します）。

　ただし、各企業が提供した記載内容をそのまま公表したものであり断片的な情報しかないため、的確にチェーン本部を選定するにあたっては、加盟希望者が総合的に情報を収集したうえで判断することが必要です。

（イ）中小企業ビジネス支援サイト　J-Net21（http://j-net21.smrj.go.jp/）

　独立行政法人中小企業基盤整備機構が運営する中小企業のためのポータルサイトです。フランチャイズ専門のサイトではありませんが、加盟希望者に有益な情報源として「支援情報ナビ」と「資金調達ナビ」があります。

（エ）フランチャイズマッチングサイト

　希望する業種別や予算別などで本部を検索し、複数本部を比較することが可能です。また、具体的な本部の特集などもあり、加盟希望者の有効な情報収集先となっています。実績があり、多く利用されている比較サイトの例は次のとおりです。

　・アントレネット（https://entrenet.jp/）

3. 幅広い媒体からの情報収集

・フランチャイズ比較ネット（http://www.fc-hikaku.net/）
・フランチャイズ WEB リポート（http://fc.dai.co.jp/）

（オ）フランチャイズ研究会（http://fcken.com/）

　経済産業大臣登録中小企業診断士を中心に構成される（一社）東京都中小企業診断士協会フランチャイズ研究会が運営するサイトです。同研究会では、フランチャイズ加盟を目指す法人・個人の方々、本部設立を計画中の法人の方々に対して、「公正・中立・是々非々」の立場で、コンサルティングやアドバイスを行っています。

### ワークブックでチェック！☞

あなたが見たフランチャイズに関する新聞・雑誌・書籍・Web サイトとそこで得た情報をまとめてください。

（媒体名）

（閲覧日）

（選んだ業種についての新たな情報）

（新たに情報を入手した本部と気になった理由）

# 4. 展示会への参加

## このセクションの Point

1．各展示会の特徴を確認しましょう
2．展示会では一度にたくさんの情報収集ができるので足を運びましょう

## （1）展示会

　展示会では、多数の本部がブースを設置して加盟希望者向けに資料配布や自社のサービス、フランチャイズビジネスの説明を行います。加盟希望者もたくさん集まるため、本部によるプレゼンテーションやフランチャイズビジネスを理解するのに役立つセミナーなどが開催されています。目当ての本部が出展していない場合でも、同じ業界の他の本部が出展していることが多いので、情報収集のために足を運ぶと良いでしょう。

（ア）フランチャイズショー（https://messe.nikkei.co.jp/fc/）

　本部やニュービジネス企業が一堂に集まる国内最大規模の展示会です。本部の情報開示と、加盟希望者のフランチャイズビジネスへの正しい理解の促進を目的に、日本経済新聞社が経済産業省・中小企業庁などの後援、（一社）日本フランチャイズチェーン協会の特別協力を得て実施しています。毎春に東京ビッグサイトを会場にして３日間開催されています。

（イ）フランチャイズ＆起業・独立フェア（http://www.fc-hikaku.net/）

　マッチングサイト大手のフランチャイズ比較ネットが主催する展示会です。様々な業界・業種の企業が集まり出展しております。特別セミナー、プレゼンテーションもあり、加盟店によるセミナーも開催されます。東京・大阪・沖縄・名古屋・札幌・福岡・広島など全国各地で開催されているのが特徴です。

（ウ）マイナビＦＣ＆独立開業 EXPO（https://dokuritsu.mynavi.jp/promo/event/）

　就職情報や転職サイトを運営するマイナビが主催するイベントです。東京と大阪で開催されます。


## （2）展示会を訪問する際の注意点

　フランチャイズ関連の展示会は使い方によってはとても便利です。一ヵ所にたくさんのフランチャイズチェーンがブースを出しているため、効率的に情報収集ができます。情報収集といっても単に印刷された資料を入手するだけでなく、もう一歩踏み込んでみるのもいいかもしれません。例えば、担当者の人柄や誠実さ、本部の情報開示する姿勢などをチェックするのもいいでしょう。

4. 展示会への参加

予め質問事項を決めておいて、複数の本部に同じ質問をぶつけてみて反応を見るというのも面白いかもしれません。

**ワークブックでチェック！**

> 展示会や合同説明会で興味をもった本部についてまとめてください。

① （展示会名）
_____

（興味を持った本部名）
_____

（興味を持った理由）
_____

（当日の行動）パンフレットをもらった・説明を聞いた・事業説明会参加の
　　　　　　　申し込みをした
_____

② （展示会名）
_____

（興味を持った本部名）
_____

（興味を持った理由）
_____

（当日の行動）パンフレットをもらった・説明を聞いた・事業説明会参加の
　　　　　　　申し込みをした

ステップ3 〜本部の情報収集〜

# 5. 加盟案内書・ホームページの見方

## このセクションの Point

1. 本部が作製した加盟案内書は重要な情報源
2. ホームページも必ずチェック

### (1) 加盟案内書の見方

展示会やマッチングサイト経由で集めた加盟案内書を見る際には、下記のポイントを中心に比較すると良いでしょう。

**(ア) ビジョン**

経営理念やトップの考え方が掲載されており、共感できるかどうかを確認します。

**(イ) 事業の内容・将来性**

事業内容や提供商品、サービスは他社と差別化されていて、満足できるものかを確認します。長期にわたる契約となるため、市場や事業に将来性があるかも重要です。

**(ウ) 本部の概要・信頼性**

本部の基本情報について確認します。店舗総数や直営比率、業界におけるポジションなどについて最新の情報が記載されているかどうかも重要なポイントです。

**(エ) 加盟条件**

加盟金、保証金、ロイヤルティなどの金額を確認してください。

**(オ) 収益モデル**

収益モデルの数値を確認します。収益モデルの数値(売上、利益、賃料、減価償却費など)は実績値ではないことが多いので、実態に基づいたものか、適性なのかを確認する必要があります(詳しくはステップ4で説明します)。

（カ）本部サポートの内容

　開業前の研修やスーパーバイザーの指導内容、商品開発、販売促進などのサポート内容を確認します。

（キ）開店までの流れ

　開店までの大まかなスケジュールについて確認します。

（ク）加盟店の声、お客様の声

　加盟店の声・満足度やお客様の声が記載されていて、納得・共感できるか確認します。

## （2）ホームページの見方

　気になるチェーンのホームページも必ずチェックしましょう。ホームページは一般消費者向けと加盟希望者向けとに分けられます。加盟希望者向けの部分は加盟案内書と同じ内容であることが多いので、ここでは、一般消費者向けの部分に着目してください。ホームページは印刷物と違い、タイムリーで新鮮な情報を入手することができる場合があります。

（ア）新店舗やリニューアルオープン店の情報

　チェーンの勢いは新規出店の数を見れば大よその見当がつきます。どの程度の頻度で新規出店があるかをチェックするにはホームページが最適です。一定の年数を経過した店がリニューアルオープンするという情報も貴重です。こうした情報は業態のライフサイクルの長さを示すもので、加盟希望者にとって有用な情報です。閉鎖店舗の情報を公開している場合は、積極的にマイナス情報を開示するチェーンとして評価できます。

（イ）新商品や季節商品

　新商品や季節商品が魅力的であるか、どういった頻度で投入されているかをチェックしましょう。

（ウ）キャンペーンや販売促進

　キャンペーンや販売促進に関する情報も重要です。キャンペーンや販売促進が効果的か、キャッチコピーが消費者の購買意欲を刺激するものかどうかを確

認します。

5. 加盟案内書・ホームページの見方

## コラム**3** 「本部の情報収集」

　家に帰ると香奈は早速パソコンを立ち上げた。

　帰りの電車の中で、先ほど訪れた「綾の樹カフェ」のウェブサイトはチェック済みだ。

　綾の樹カフェは2年前からフランチャイズを始めたようで、10店舗の直営店に加え、今は8店舗の加盟店があるらしい。フランチャイズ募集のページは1ページだけで、加盟金は250万円、ロイヤルティは売上の5%、内装費は20坪で500万円程度と書いてある。居抜き物件だともっと安く抑えられるとのこと。

　これだけの情報なのに、「加盟金」「ロイヤルティ」「居抜き」など、ちゃんと分かっていない言葉が多いことにショックを受けた。

「私、本当にフランチャイズのこと何も知らない……。」

　本部の加盟店募集情報が容易に比較できるサイトなどを利用し、有名どころのカフェチェーンから小さなチェーンまで、一つずつ丁寧に見ていった。

「基準にしているお店の規模もまちまち。開業資金にも何倍もの開きがあるんだ！」

「チェーンでも、自分のアイデアも取り入れてもらえるところもあるのね」

「フルサービス型のカフェで、自分の意見が反映でき、個人でも加盟可能なところに、資料請求をしてみよう」

　香奈は綾の樹カフェなど3つの本部に資料を申し込んだ。

ステップ**4**

# チェーンの
# 絞込み

## 共に歩んでいける本部を選択する

　チェーン選びはよく「結婚」に例えられます。

　万人の理想をかなえるような結婚相手がいないのと同様に、フランチャイズについても万人の成功と満足を約束するチェーンは存在しません。何をもって加盟が成功したと思えるか、それは人によって大きく異なるためです。

　ここではステップ1で行った自分自身の主観的評価を踏まえ、本部を客観的に評価するワークを行っていきます。

　あなたにとって最適な本部がみつかるよう、じっくりと時間を掛けてトライしてみてください。

# 1. 事業説明会でのチェックポイント

このセクションの **Point**

> 1. 雰囲気に飲まれず、冷静に判断ができるよう事前準備をしましょう
> 2. 本部の理念・ビジョン、印象、最新・詳細情報は必ずチェックしましょう
> 3. 本部ごとに収益モデルに含まれるものが違う点に要注意！

## （1）事業説明会でのチェック項目

　事業説明会は本部が加盟店募集を目的に、自社のフランチャイズ事業の内容を紹介する説明会です。業界説明、本部企業の紹介、フランチャイズパッケージの内容、契約のあらまし、加盟店になるための手続き等を複数の参加者に向けて説明をするもので、加盟検討者は予め決められた事業説明会の日程に申込み、参加をすることになります。

　事業説明会では事業の魅力を訴えるプレゼンテーションが中心となりますので、その場の雰囲気や熱気に飲まれてしまい、勢いで契約してしまうということも起こりえます。

　自身の加盟判断に欠かせない詳細な内容は、本部訪問の際などに行われる個別相談時に明らかとなることを前提に、事業説明会では、①経営理念・ビジョンへの共感、②会社・スタッフの印象、③業態の優位性、④最新・詳細情報の入手、の4点についてチェックするようにしましょう。

## （2）収益モデルを見る際の注意点

　事業説明会では必ず「収益モデル」について説明があります。収益モデルとは、「この事業をこういう条件で行った場合、売上の見込み、かかる費用、利益はこの程度ですよ」という参考値としてだされます。この情報は加盟を判断するにあたり大変重要な情報です。

## 【図表 4-1　月次収益モデル例】

■事例　カフェレストラン 20 坪　商業地路面店　消費税別

| 内訳 | 金額（万円） | 構成比（%） | 内容 |
|---|---|---|---|
| 売上高 | 500 | 100.0 | 当社直営店の実績値から算出 |
| 売上原価 | 140 | 28.0 | 当社標準モデルから算出 |
| 売上総利益 | 360 | 72.0 | |
| 人件費 | 150 | 30.0 | 当社標準モデルから算出 |
| 水道光熱費 | 35 | 7.0 | 当社標準モデルから算出 |
| 地代家賃 | 30 | 6.0 | 1.5 万円 / 月を想定 |
| その他経費 | 60 | 12.0 | 当社標準モデルから算出 |
| ロイヤルティ | 25 | 5.0 | 定額ロイヤルティの場合もある |
| 減価償却費 | 12 | 2.4 | 概算値 |
| 経費合計 | 312 | 62.4 | 人件費から減価償却費までの合計 |
| 営業利益 | 48 | 9.6 | 売上総利益－経費合計 |

　まずここで注意していただきたいのは、売上高 500 万円の根拠です。本部の直営店の面積が平均 20 坪程度で、全店の平均売上が 500 万円であれば納得できます。ところが、モデル数値に悪い数字を記載したくないので、直営店の中の業績のよい店舗の売上高を掲載するような例はよく見られます。必ず、何を根拠に 500 万円の数字がモデル売上であるかの確認をしてください。

　次は、減価償却費と営業利益の合計額です。収支モデル例では減価償却費と営業利益の合計が 60 万円 / 月となっています。仮に初期投資額が 2400 万円なら、この収支モデルでは 40 ヵ月で投資回収ができるということができます。

　売上原価にも注目してください。直営店では店舗オペレーションのレベルが高く、食材のロスが少ないと考えられますが、経験の浅い加盟店では必ずしもこの数値で納まらないというケースもあります。加盟店店舗でも売上原価 28％を実現できているかはチェックが必要でしょう。

　さらに、経費についても注意していただきたいことがいくつかあります。地代家賃ですが、実際にこの程度の金額で店を借りられるかを確認しましょう。よくあるケースですが、本部が家賃を相場より安めに見積もることがあります。

物件取得費・経営者の給与・本部研修費・採用（募集）費が含まれていないということもしばしばあります。また、資金を借りた場合、減価償却費と営業利益の合計額の中から返済を行うことになりますので、この点を見落とすと加盟者の生活が成り立たない、ということも起こりえます。

　本部によって含まれているものが異なりますので、契約後に予想外の費用が生じることがないよう、しっかりと確認するようにしましょう。

## ワークブックでチェック！ 👉

【事業説明会でのチェックポイント】

| | チェック項目 | ポイント | チェック |
|---|---|---|---|
| 説明会での重点チェック項目 | 経営理念・ビジョンへの共感 | 本部から伝えられた経営理念・ビジョンに違和感なく共感できるか？ | Yes/No |
| | 会社・スタッフの印象 | 対応してくれた受付スタッフを含め、本部スタッフは長きにわたるパートナーとして信頼できると感じられるか？ | Yes/No |
| | 業態の優位性に関する説明 | 業態の優位性について納得できる説明はあったか | Yes/No |
| | 最新情報・詳細情報の入手 | 直近の店舗数の増減や売上高についての説明はあったか？ | Yes/No |
| | | 最近の環境変化（消費税増税など）の影響についても触れられているか？ | Yes/No |
| 収益モデルチェック項目 | 初期投資額 | 初期投資額は提示されているか？加盟金や物件取得費も示されているか？ | Yes/No |
| | モデル収支売上の根拠 | モデル収支の売上高の根拠はしっかりと説明されたか？ | Yes/No |
| | 売上原価 | 加盟店店舗でも実現可能な数値か？ | Yes/No |
| | 在庫金額 | 平均在庫金額は示されているか？ | Yes/No |
| | 社長の給与 | 経営者の給与は含まれているか？ | Yes/No |
| | 本部研修費 | 経営者や店舗管理者、スタッフなどの本部研修費は含まれているか？ | Yes/No |
| | 採用（募集費） | 採用（募集費）は含まれているか？ | Yes/No |
| | ロイヤルティ | 追加で本部に納める費用は明確か？ | Yes/No |
| | 減価償却費＋営業利益 | 借入金の返済額と比べて十分な金額になっているか、投資回収期間は？ | Yes/No |

※収益モデルに含まれていないものがあったら、どの程度かかるのかを質問し、確認しておきましょう。
※事業説明会での確認事項はスッテプ5の本部評価1～18を参考にして事前に検討しておきましょう。

1. 事業説明会でのチェックポイント

# 2. 本部訪問時のチェックポイント Part ①

このセクションの **Point**

1. 訪問前の事前準備はしっかり行いましょう
2. 本部の実態や社風を肌で感じ、自分と合うか見極めましょう
3. 加盟を急がせる本部には要注意！

## （1）本部訪問は貴重な機会

本部訪問はホームページや書面だけではわからない、企業の実態や社風を自分自身で体感できる貴重な機会です。加盟に際して疑問点やわからない点を確認するのはもちろんですが、何より「その会社が自分の肌に合うか？」「長年のパートナーとしてやっていきたいと感じるか？」など、書面ではわからない所を観察するという点に重点をおいて確認するようにしましょう。

また、実は本部側にとっても加盟希望者が加盟者としてふさわしいのかを見極める場にもなっています。本部も「長年のパートナーとしてやっていきたいと感じるか？」という視点で皆さんを見ているということです。

加盟希望者は本部から「お客様」として丁寧に対応してもらえますが、「ビジネスパートナーを互いに選ぶ場」であることを忘れてはいけません。

ホームページや送付されてきた資料、事業説明会で受け取った資料を読み込んだ上で、質問を整理し、本部訪問に望むようにしましょう。

## （2）社風や社員教育も見極めよう

あるチェーンでは、加盟審査の最終判断の前に、加盟希望者の住まいをアポなしで訪ね、無理やり上り込み家の様子を見るということです。何故、こんなことをするかというと、生活している家の中をみれば、その人の暮らしぶりや性格がわかるといいます。分相応の暮らし向きならいいですが、収入の割に派

ステップ4 〜チェーンの絞込み〜

手な暮らしぶりということだと心配になります。几帳面なのか、ずぼらなのかといった性格も察しがつきます。夫婦仲がいいのかどうかもわかると言います。

　同じように、本部の事業所は本部の本性を探るための情報を提供してくれます。「トイレの汚い会社にいい会社はない」ということがよく言われますが、この言葉は真実をついています。立派な経営理念を掲げていても、それが社員一人ひとりに根付いているかどうかは、仕事ぶりを見ていれば大体わかります。社員教育もできていない会社に、加盟店の指導などできるわけがないのです。

図表 4-2　【本部訪問時の留意点】

| 事前準備 | ホームページ、加盟案内、雑誌等で事前に本部の情報を収集し、確認したい項目を質問形式で準備する。 |
| --- | --- |
| | 本部訪問の前に最低1回は客の立場で店（直営店・加盟店）を利用 |
| 心構え | 客ではなく、ビジネスを共に展開する可能性のある相手として訪問する。 |
| | 約束の時間は厳守する。こちらの礼儀や服装、態度に注意する |
| 質問外の観察 | 社内の空気（社員の表情、挨拶の仕方、社内の雰囲気など）を敏感に感じ取り、社風を察知する。特に、壁面の掲示物やトイレの清掃状況に注意する。 |
| 質疑応答 | 質問は1つずつ行い、回答内容に応じて、さらに関連性のある追加質問をする。 |
| | 「はい」「いいえ」で終わる質問より、「なぜ」、「どのように」等の答えが多様になりやすい質問を多用する。 |
| | 説明や面談中、わからない点や理解できない点は放置せず必ず質問する。 |
| | 自身にとって重要性の高い質問は、本部での個別面談でも必ず質問する（事業説明会や担当者からの説明と異なる点がないかどうかに留意する）。 |
| | 回答が曖昧な場合は、後日再確認の上、文書にて回答してもらう。 |
| | 本部経営者が経営理念を語る時には、それが本心であるかを見極めつつ、自分自身の価値観と照らし合わせて共感できるかどうかを考える。 |
| | 本部経営者の夢や将来ビジョンを傾聴する際には、共にそれを実現したいと思うかどうかを考える。 |
| その他 | うまい話や良い話しかしない本部には警戒が必要。むしろマイナス情報を進んで説明する本部の方が信用できる。 |
| | 同じ質問に対して、複数の人から異なる回答がなされる本部には注意が必要である。 |
| | ステップ9を参考にして契約締結は決して即決しない。場合により第三者に相談する。 |

## （3）加盟を急がせる本部には要注意

「もうすぐ加盟金の額が値上がりします。加盟は今がチャンスですよ」

「今なら、とびきりの物件が空いています。これなら高収益は堅いですよ」

「今、同じエリアを希望する加盟希望者がいます。すぐに決めないと取られますよ」

本部訪問時にこのような言葉で加盟を急がせるケースもあります。このような本部は要注意です。本部が何故こういうトークで迫ってくるかというと、誰しもフランチャイズ加盟という人生に大きな影響を与える決断は慎重を期そうと考えるものです。本部としては、せっかくその気になっている加盟希望者が心変わりすることだけは避けたいところです。そこで、加盟希望者の決断を促すために、ありもしない甘言を並べて、背中を押してくるのです。

たとえ口約束でも法律上は契約が成立してしまうことがあるので、安易な回答をしたり、急いで契約をしたりするようなことは絶対に避けてください。

急いで契約をさせる本部は、加盟者を長年のビジネスパートナーとして見極めようとしていない本部ともいえます。このような本部はビジネスの基盤そのものが危ういと言わざるを得ません。

## ワークブックでチェック！

> **Q** 本部訪問で好条件を提示され、加盟の申込みをするよう言われました。取るべき対応はどれでしょう？

1．自分にとって契約条件がよくなるように交渉する

2．とりあえず口頭で契約することを伝え、できるだけ早くその場を離れる

3．申込みはしないで他のチェーンと比較検討するための時間をもらう

4．せっかくのチャンスと思い、契約する

　　【回答は P236】

ステップ4〜チェーンの絞込み〜

# 3. 本部訪問時のチェックポイント Part ②

このセクションの **Point**

1. 本部訪問時の確認点を押さえましょう
2. 同じシートを使ってまとめると本部同士の違いがわかりやすくなります

## （1）本部訪問時にする主な質問

　本部訪問の際の一般的な質問事項を列挙すると以下のようになるでしょう。質問事項や確認事項はスッテプ5の本部評価1～18を参考にして事前に検討し、予め決めておきましょう。

【図表 4-3　本部訪問時の質問例】

| No. | 質　　問 | 本部の回答 |
|:---:|---|---|
| 1 | フランチャイズ展開をすることの目的を教えてください。 | |
| 2 | 加盟者に求める資質はどういうものですか？ | |
| 3 | 他社にはない独自性のある商品・サービスがありますか？ | |
| 4 | 複数店加盟者の割合はどのくらいですか？ | |
| 5 | 最近3カ年の途中解約件数および訴訟件数は何件ですか？またその理由は何ですか？ | |
| 6 | 法定開示書面はいつごろ提示してくれますか？ | |
| 7 | 契約の前に、フランチャイズ契約書を一旦預けてもらえますか？ | |
| 8 | 契約の際にアドバイスをしてくれる専門家を同席させてもいいですか？ | |

| | | |
|---|---|---|
| 9 | 既存加盟店の平均投資回収期間はどのくらいですか？ | |
| 10 | こちらが指定する既存店の視察を仲介していただけますか？ | |
| 11 | スーパーバイザーの指導内容・訪問頻度はどうなっていますか？ | |
| 12 | 本部の教育・研修制度はどのようなものがありますか？ | |
| 13 | 不振店対策としてどのようなことを行っていますか？効果が上がっていますか？ | |
| 14 | 収益モデル表はどの店舗のものですか？どのような立地タイプのものですか？ | |
| 15 | 売上の推移・店舗数の推移はどうなっていますか？ | |
| 16 | 加盟金はいくらですか？その対価は何ですか？ | |
| 17 | 保証金はいくらですか？契約終了時に返金されますか？ | |
| 18 | 開業前研修費は別途かかりますか？ | |
| 19 | ロイヤルティはいくらですか？その対価は何ですか？ | |
| 20 | ロイヤルティ以外の徴収費用は別途かかりますか？ | |
| 21 | 今の課題は何ですか？それに対しどのように取り組んでいますか？ | |
| 22 | 今後の事業の見通し、フランチャイズ展開方針はどうなっていますか？ | |
| 23 | | |
| 24 | | |

ステップ4 〜チェーンの絞込み〜

# 4. 既存加盟店へのヒアリング（事前準備）

このセクションの **Point**

1. 加盟店訪問の目的を把握しましょう
2. 加盟店訪問前に、どのような準備が必要かを把握しましょう
3. 事前に質問内容を確認し、聞いておきたいことをまとめておきましょう

## （1）加盟店訪問の目的

本部の担当者はフランチャイズ契約を取るための営業マンです。担当者は契約を何件とるかで評価されるので、加盟希望者に対してついつい度を越えた営業トークをしがちです。先輩加盟店を訪問する目的は、担当者の説明に間違いないのか、このチェーンは本当に信頼できるのかを確認することにあります。

次いで、先輩加盟店を訪問することで、そのチェーンに加盟したあなた自身をイメージすることの助けになるでしょう。この仕事を続けていけるのかどうかの判断を下す材料になるかもしれません。

加盟店訪問は、本部からの紹介、あるいは、自分自身で調べてアポイントを取って訪問する場合があります。ここで注意しておきたいことは、本部が紹介してくれる加盟店は、本部に協力的で本部に不利な情報はなかなか言ってもらえない可能性が高いということです。ここは、できるだけ、本部紹介以外の加盟店を訪問するようにしましょう。

残念ながら、本部紹介以外の加盟店への訪問を認めないというチェーンがあります。こうしたチェーンは加盟希望者には知られたくないことがあり、それを隠そうとしていると考えていいでしょう。

## （2）加盟店訪問前

### （ア）アポ取り

訪問する加盟店は、あなた自身が出店を希望する立地条件と似た立地条件に

ある店を選ぶといいでしょう。

　まずは、訪問のアポ取りをしなければなりません。本部が紹介してくれた加盟店なら本部が段取りをしてくれるかもしれませんが、本部紹介以外の加盟店を訪問する場合は、自分自身で行動しなければなりません。チェーンのホームページから電話番号は簡単に調べられます。事情を説明して話を聞かせてくれるように頼んでみてください。

　いきなり電話をして訪問をお願いすることに抵抗を感じるかもしれませんが、あなたの人生に重大な影響を与えるチェーン選びに必要なことと割り切り、思い切ってチャレンジしましょう。切り出し方は、こんなものでいいでしょう。

　「私、●●●と申しますが、オーナー様はいらっしゃるでしょうか」
　「いま、××××チェーンへの加盟を考えているのですが、先輩加盟店としてお話を聞かせていただけないでしょうか」

　相手の都合の良い時間帯にあわせるようにすれば、意外と簡単にOKをもらえることが多いようです。

（イ）事前に準備すること

　訪問する加盟店の基本情報をホームページなどから入手しておきましょう。具体的には、店名、所在地、営業年数、最寄り駅と最寄り駅からのルート、周辺情報などです。本部からの紹介の場合は、業績、オーナーさんの経歴、従業員数、会社概要などを下調べしておきたいところです。

　次いで、質問の時間配分や内容、質問する順番を考えておくとよいでしょう。

　手土産は忘れずに準備してください。訪問する加盟店へのお礼と、関係構築のためになくてはならないのが手土産です。手土産は品傷みがしにくい菓子がいいでしょう。先方のスタッフにも喜ばれる個装のものを選んでください。

（ウ）情報収集のポイント

　最低でも３つの加盟店を訪問するようにしてください。１店舗のみの訪問では正しい情報を収集できないことがあります。例えば、業績の悪い加盟店を訪

問した場合、加盟店のオーナーは自分自身の努力不足を棚に上げて、業績が悪いことを全部本部の責任にすることがしばしばあります。このようなオーナーから得た情報を鵜呑みにしてしまうと、あなたはせっかく巡り合ったチャンスをふいにしてしまうかもしれません。情報収集のスタンスとしては、できるだけ多くの先輩加盟店のオーナーから話を聞き、総合的に判断することが大切でしょう。

# 5. 既存加盟店へのヒアリング（当日）

このセクションの **Point**

> 1．加盟店訪問直前の心構えを理解しましょう
> 2．加盟店訪問中の留意事項を確認して、ヒアリングに臨みましょう
> 3．ヒアリング項目に基づき、実際にヒアリングを行いましょう

## （1）加盟店訪問直前の心構え

身なりをしっかり整えましょう。スーツにネクタイという必要はありませんが、普段着で来たという印象をもたれないように注意しましょう。

訪問の時間帯は、接客や納品などで忙しい時間を避け、所要時間についても予め連絡をしてことが大切です。先方は営業の合間をぬって協力してくれます。感謝の気持ちをもって訪問するようにしましょう。

## （2）加盟店訪問当日の持ち物

ワークブックは必ず持参しましょう。ワークブックには予め質問内容を記入しておくとよいでしょう。筆記用具、手土産（日持ちするもの、できれば個包装の菓子など食べ物が喜ばれる）も忘れず持参してください。腕時計も必須アイテムです。携帯電話やスマートフォンで時間を見るのは相手に不快感を与えるので避けてください。

## （3）訪問時、訪問中、訪問後の心構え、注意点

　時間厳守で訪問します。あらかじめ決めた時間で、効率的な訪問を心がけましょう。自己紹介は自らすすんで行い、可能であれば名刺を渡しましょう。

　「本日、○時からお約束を頂いております、○○と申します。」

　話を聞く時の態度、質問時の態度や礼儀に留意しましょう。メモを取る時は、「メモを取ってもよろしいでしょうか？」と一言確認してからにしてください。質問以外でも得られる情報はたくさんあります。さりげなく周りを観察してみましょう。

例：客層、売れている商品、メニュー、業務の状況、トイレの清掃状況、 店
　　舗事務所の壁面の掲示物など（ただし、ジロジロ見ないように注意）

　　訪問後には、早めにお礼状（ハガキなど）を出しましょう。


## ワークブックでチェック！☞

> 　加盟店訪問の際の質問事項は、スッテプ５の本部評価１～18を参考にして事前に検討しておきましょう。

| NO. | 質　問 |
|---|---|
| （例）<br>1 | なぜこの本部を選びましたか？ |
| | ・商品に魅力を感じたから<br>・高齢者向けにも商品開発がしっかりしており、客層ともマッチしそうだったから |
| | |
| | |
| | |
| | |
| | |
| | |

ステップ4 〜チェーンの絞込み〜

| | |
|---|---|
| | |
| | |
| | |
| | |
| | |
| | |
| | |
| | |

# ６．本部代表者との面談

このセクションの **Point**

> １．トップ面談の目的を理解しましょう
> ２．トップ面談にあたり、事前に準備する内容を確認しましょう
> ３．トップ面談にあたり、自身の経営にかける思いをまとめましょう

## （1）トップ面談の目的と目標

　契約に至る過程で、本部トップまたは部門責任者との面談があります。通常は本部訪問の中に組み込まれていることが多いようです。トップ面談は、加盟者にとってはトップの人間性に触れ、本部への理解を深めるために、また本部にとっても加盟者の想いに触れ、ともに有益なパートナーシップが築けるかを見極めるために、非常に重要なものです。これまで本部担当者から聞いた内容でも、トップの口から改めて聞くことが大切です。

　もしトップや部門責任者との面談がないままに加盟契約段階まで進んでしま

いそうであれば、こちらから本部担当者を通じ、トップ面談希望の旨を申し出るようにしましょう。

## （2）事前準備

　面談の日程がきまったら、トップ面談で伝えたいことや質問することを決めておくことが必要です。せっかくの機会を顔合わせだけに終わらせないためには周到な準備が必要です。

　質問の内容は、次ページを利用して文字にしておくといいでしょう。単に記憶しているだけだと、トップとの面談の緊張から頭の中が真っ白になってしまうような状況も考えられます。

## （3）面談当日

　面談の際、態度や質問の仕方が悪いとトップの心証を害してしまい、最終的な加盟審査に悪影響を与えかねません。トップ面談は、加盟審査の一環という意味もあるのです。本部にとっては、細かな点まで執拗に問いただしてくる小うるさい人より本部の指導に従順に従ってくれる人の方が、はるかに加盟させたい人なのです。トップ面談では、聞きたいことを質問するということだけでなく、本部のトップから「この人に加盟してもらいたい」と思ってもらうことも大切です。

　たとえば、トップに本部の経営理念について質問をする場合、「貴社の経営理念を教えてください」より、「貴社の経営理念は○○ですが、そこに込められた想いを教えてください」と聞いた方がはるかに好感をもたれるでしょう。これならあなたが事前にこのチェーンについてしっかり情報収集をした上でこの場にいることが伝わります。つまり、あなたの熱意が認められるのです。

ステップ4 〜チェーンの絞込み〜

**ワークブックでチェック！** 👉

質問内容はスッテプ5の本部評価1〜18を参考にして事前に準備しておきましょう。以下のヒアリングシートに質問事項をあらかじめ記載し、面談時に活用しましょう。

| 質問 | （記載例）貴社の経営理念を教えてください。 |
|------|------|
| 回答 | |
| 質問 | |
| 回答 | |
| 質問 | |
| 回答 | |
| 質問 | |
| 回答 | |
| 質問 | |
| 回答 | |

6．本部代表者との面談

## コラム4 「チェーンの絞り込み」

　資料は続々と届き、「加盟説明会」が最も間近だったＡチェーンの説明会に行ってみることにした。フランチャイズ加盟の流れや、本部のチェックポイントは本で読んでばっちり予習済みだ。とはいえ緊張は隠せない。「無理矢理はんこを押せ！と強要されたりして・・・」そんなこともちらりと頭をよぎる。

　会場は本部のあるビルの明るい会議室で行われた。受付や本部担当者の明るい対応に、先ほどまでの不安は一掃された。Ａチェーンの話を聞いて、フランチャイズで開業することが現実味をおびてきた。開業に際して一番心配だった「実務経験不足」や「店舗の立地選び」についてサポートが得られるというのが何より心強い。仕入先やメニュー開発などに労力をかけず、自分が一番やりたかった顧客サービスの面に注力できるのも魅力的だと感じた。

　しかし、Ａチェーンの店舗は自分が開きたいものと少し違う。サラリーマンに愛されるお店というよりも、地元の女性達で賑わうお店にしたいのだ。もう一つのチェーンの説明会にも行ったが、やはり「このお店をやりたい」とまではならなかった。

　香奈は自分でまとめた本部のチェックリストと本部を比較するレーダーチャートの図を眺めつつ、翌週に行われる「綾の樹カフェチェーン」の説明会に期待を寄せた。

ステップ**5**

# 加盟する
## チェーンの決定

## 悔いを残さない決断をしよう

　ステップ１からステップ4で行った準備を踏まえ、いよいよ最終決断をする時がやってきました。今、あまたは複数のチェーンを頭に思い描き、どのチェーンに加盟すべきかを思い悩んでいるはずです。仮にあなたの脳裏に１つのチェーンのことしか浮かばなかったとすると、あなたのこれまでの準備は不十分であった可能性があります。あなたに合っていて優秀なチェーンは１つしかないということはありません。チェーン選びで大切なことは、複数のチェーンの中から最適のチェーンを選ぶという姿勢です。

　ステップ5では、複数のチェーンの優劣をみるための、フランチャイズチェーンに対する評価基準をご提供します。

# 1. 本部を評価する「ものさし」を手に入れよう

## このセクションの Point

1. 本部を評価する「ものさし」について理解しましょう
2. 本部を評価する6つの視点を学びましょう
3. 本部を採点・評価してみましょう

### (1) 本部評価の「ものさし」〜本部評価基準〜

　フランチャイズ研究会では、加盟希望者がより客観的な視点を持って、自分にぴったりの本部を選択することをお手伝いするために、加盟希望者自身で本部を評価するための「ものさし」をつくっています。

　「本部評価基準」は6つのカテゴリに分類されており、各カテゴリには2つから4つの評価項目で構成されています。

　【本部評価基準】
　　①本部経営姿勢　②情報公開度　③事業運営力
　　④加盟店支援力　⑤店舗収益性　⑥加盟店満足度

### (2) 本部評価基準の構成

　本部評価基準の評価項目は、上記の6つのカテゴリをさらにブレークダウンした18項目（図5-1）で構成されています。18項目のそれぞれは、フランチャイズ研究会が長年の経験と調査から導き出したフランチャイズ本部を評価するための判断基準です。

　フランチャイズ加盟は一生を左右する重大な決断です。本部選びはあなたの人生に多大な影響を与えるターニングポイントと言えるかもしれません。合計18の評価項目は、本部を評価する上でどれも大切なモノばかりです。悔いを

残さないように、時間をかけてでも情報収集に努め、評価を下しましょう。

詳細については次ページ以降で詳しく説明しています。

## (3) 評価尺度

「評価尺度」は４点法を用いています。

各評価項目について、１から４までの採点を行います。これまでの情報収集や事業説明会、本部訪問、既存加盟店訪問などで得た情報を元に評価をしていきます。

採点の基準は次の通りです。

１：全く評価できない　２：あまり評価できない
３：やや評価できる　　４：非常に評価できる

### 【図表 5-1　本部評価基準】

| 大項目 | 連番 | 評価項目 |
|---|---|---|
| 本部経営姿勢 | 1 | チェーン理念 |
| | 2 | 本部トップの資質（経歴・専門知識・人柄） |
| | 3 | 将来ビジョン・戦略 |
| | 4 | フランチャイズ契約書の預託 |
| 情報公開度 | 5 | ホームページの充実度 |
| | 6 | 法定開示書面による事前説明 |
| 事業運営力 | 7 | 立地タイプごとのプロトタイプモデル |
| | 8 | 商品力 |
| | 9 | 商品開発力 |
| 加盟店支援力 | 10 | 開業サポート・開業前研修 |
| | 11 | スーパーバイザー |
| | 12 | 不振店対策 |
| | 13 | マニュアルの充実度 |
| 店舗収益性 | 14 | モデル収支・営業利益率 |
| | 15 | 投資回収期間 |
| 加盟店満足度 | 16 | 加盟店会の有無 |
| | 17 | 出店余地 |
| | 18 | 複数店オーナー割合と契約更新率 |

## (4) 本部評価を行う時期

本部評価を行う時期は、フェア・イベントへの参加、本部訪問、トップ面

ステップ５〜加盟するチェーンの決定〜

談、加盟店訪問などによりチェーンの情報を収集し、いくつかのチェーンに絞り込んだ頃を想定しています。現時点では本部から法定開示書面による契約に先立つ事前説明は行われていないという前提です。したがって、ここで本部評価をして本命チェーンを決めても、すぐに契約を交わすのではなく、契約は必ずステップ9の手順に従うようにしてください。

## 本部評価 -1　チェーン理念

　チェーン理念（経営理念）とは、本部のトップが持つ信念・信条であり、トップならびに社員、さらには加盟店オーナーとその従業員の意思決定や日々の行動指針の基となる極めて重要な経営哲学といえるものです。

　フランチャイズは理念共有ビジネスとも言われます。本部が明確な経営理念を示し、それがチェーン全体に浸透し、あなた自身も共感できることが大切です。

### （1）情報収集のポイント

| 情報収集方法 | ホームページ | 本部担当者 | 展示会 | 事業説明会 | 本部訪問 | 加盟店訪問 | メディア媒体 |
|---|---|---|---|---|---|---|---|
| | ● | | | ● | ● | ● | |

### （2）情報収集の手順

（ア）HP、事業説明会の配布資料などでの確認

　　　□　HP や配布資料にチェーンの経営理念が明確に記載されているか

　　　□　事業説明会で本部の社員に経営理念について質問してみよう

（イ）本部訪問時の確認

　　　□　本部のトップに直接質問し、チェーン展開にかける姿勢と情熱を確認しよう

（ウ）加盟店訪問時の確認

　　　□　チェーン理念が加盟店オーナーレベルでどの程度理解され、浸透しているか確認しよう

1. 本部を評価する「ものさし」を手に入れよう

## （3）評価のポイント

　本部スタッフがチェーン理念を熱く語っているか、理念がわかりやすく明文化されているか、理念が社内のみならず加盟店側にまで浸透しているか、あなた自身がその理念に共感を覚えることができるか、などが評価のポイントになります。

| 理想的状態 | 好ましくない状態の例 |
|---|---|
| チェーン理念がわかりやすく明文化されていて、トップのみならず社員、加盟店にまで十分浸透しており、あなた自身も共感を覚える。 | 明文化されたチェーン理念がないか、あっても形式的なものに過ぎない。 |

### 本部評価 -2　本部トップの資質

　優れた資質を持ち、多くの人から信頼され、人間味の豊かな経営者の下には、よく似たマインドの持ち主が集まる傾向があります。本部を評価する上で、経営者の「人となり」を自分の目で観察することは大事なことです。フランチャイズチェーンのトップに求められる資質は、トップダウン型のワンマン社長より、部下や加盟店の意見をよく聞いて結論をだすといった調整型が相応しいでしょう。

## （1）情報収集のポイント

| 情報収集方法 | ホームページ | 本部担当者 | 展示会 | 事業説明会 | 本部訪問 | 加盟店訪問 | メディア媒体 |
|---|---|---|---|---|---|---|---|
| | | | | ● | ● | ● | ● |

## （2）情報収集の手順

（ア）事業説明会での立ち居振る舞いを観察

　　　□　経営者のみならず、本部側スタッフの醸し出す雰囲気もみよう

（イ）本部訪問の際のトップ面談

　　　□　質問事項に対し過不足のない的確な回答が返ってくるか

　　　□　この人なら信頼できるという印象が得られるか

ステップ5 ～加盟するチェーンの決定～

（ウ）加盟店訪問時に加盟店オーナーから確認

　　　□　加盟店オーナーが本部のトップや経営陣をどう見ているか質問し、
　　　　　自分の受けた印象の裏づけ確認してみよう

（エ）メディア媒体

　　　□　本部トップのメディア掲載情報をチェックしよう

## （3）評価のポイント

　身だしなみがしっかりしていて、経歴や発言内容から経営者としての資質が十分か、嘘をつかない誠実な人柄か、驕りや決めつけがないか、さらには本部スタッフや加盟店オーナーなどからよい印象を持たれているか、など。

| 理想的状態 | 好ましくない状態の例 |
|---|---|
| 発言内容が的確で経営的センスに溢れており、聞く人に安心感と信頼感を与える。謙虚で礼儀正しく、多くの関係者からよい評価と印象を持たれている。 | 身だしなみに清潔さがなく、自己中心的で周りに傲慢な印象を与える。 |

## 本部評価 -3　将来ビジョン・戦略

　たとえて言えば、将来ビジョン（中、長期目標や理想像）は目指すべき山頂であり、戦略は山頂に至るためのコース設計のようなものです。この両者が定まっていなければ成功と発展は望めません。加盟を検討しているチェーンの将来ビジョンや戦略は必ず確認しましょう。ただ、実現しそうもない夢物語をビジョンに掲げるチェーンがありますが、やはり実現可能なビジョンであることが大切でしょう。

## （1）情報収集のポイント

| 情報収集方法 | ホームページ | 本部担当者 | 展示会 | 事業説明会 | 本部訪問 | 加盟店訪問 | メディア媒体 |
|---|---|---|---|---|---|---|---|
| | ● | | | ● | ● | ● | |

1. 本部を評価する「ものさし」を手に入れよう

## （2）情報収集の手順

（ア）HP、事業説明会の配布資料での確認

☐ HP や配布資料に将来ビジョンが記載されているかを確認しよう

☐ 事業説明会で将来ビジョンや戦略について質問してみよう

（イ）本部訪問時にトップに確認

☐ 本部訪問時にできればトップに直接質問し、本部のいだく将来ビジョンと戦略性を確認しよう

（ウ）加盟店訪問時に加盟店オーナーに確認

☐ 加盟店オーナーに質問し、本部の掲げる将来ビジョンがどの程度理解されているか確認しよう

## （3）評価のポイント

　本部が明確な将来ビジョンを描き、それを達成するための戦略を立てているか、それらが加盟店側に理解されており、また自分自身納得できるものであるかどうか、このような点が評価のポイントになります。

| 理想的状態 | 好ましくない状態の例 |
| --- | --- |
| 本部が明確な将来ビジョンと戦略を有していて、その実現に向かって積極的に取り組んでいる。自分自身、その将来ビジョンと戦略に納得できる。 | 本部が明確な将来ビジョンを有しておらず、戦略が定かでない。 |

## 本部評価 -4　フランチャイズ契約書の預託

　フランチャイズ契約締結日当日に、本部が加盟希望者にフランチャイズ契約書を提示し、その場で署名押印させるチェーンがあります。一般に、フランチャイズ契約書は難解な文言も多く文字数も膨大です。ふだん、ほとんど契約書に慣れ親しんでいない加盟希望者が、その場で内容を理解することなど不可能に近いと言えるでしょう。事前に加盟希望者にフランチャイズ契約書を渡し、じっくりと読み込んでもらい、わからないことは丁寧に説明するという姿

勢が大切です。

## （1）情報収集のポイント

| 情報収集方法 | ホームページ | 本部担当者 | 展示会 | 事業説明会 | 本部訪問 | 加盟店訪問 | メディア媒体 |
|---|---|---|---|---|---|---|---|
| | | ● | | ● | ● | ● | |

## （2）情報収集の手順

（ア）事業説明会での確認

    □　フランチャイズ契約書は契約日前に渡してくれるのかを確認しよう

    □　契約締結日に契約書の読合わせをしてくれるのかを質問してみよう

（イ）加盟店訪問時に加盟店オーナーより確認

    □　フランチャイズ契約書が契約締結日の前に渡され、内容を検討する期間が与えられたかを質問してみよう

    □　フランチャイズ契約書の中に意味がわからない部分があった時、本部はしっかり説明をしてくれたかを確認してみよう

## （3）評価のポイント

　本部が契約日より一定期間（数日）前にフランチャイズ契約書を加盟希望者に渡し、内容を検討する期間を与えているかが大切です。また、契約日当日に契約書の読合わせを行い、疑問点があれば丁寧に説明する姿勢が大切です。

| 理想的状態 | 好ましくない状態の例 |
|---|---|
| 契約締結日の前に本部が加盟希望者にフランチャイズ契約書を渡し、内容を検討する機会を与えてくれる。内容に疑問があるときは丁寧に説明してくれ、契約日当日は契約内容の読合わせをする。 | 契約日当日にフランチャイズ契約書が示され、その場で署名押印させる |

## 本部評価 -5　ホームページの充実度

　HP の内容が充実し、またその更新が頻繁に行われていることは、積極的に

1. 本部を評価する「ものさし」を手に入れよう

情報を公開しようとする本部の姿勢の表れです。HP は、一般消費者向けの
ページはもちろん、加盟希望者向けのページが充実しているかどうかが重要で
す。フランチャイズチェーンの中には、フランチャイズ展開をしていることを
隠そうとするチェーンがありますが、こうした姿勢は決して共感できるもので
はありません。

## （1）情報収集のポイント

| 情報収集<br>方法 | ホームページ | 本部担当者 | 展示会 | 事業説明会 | 本部訪問 | 加盟店訪問 | メディア媒体 |
|---|---|---|---|---|---|---|---|
| | ● | | | | | ● | |

## （2）情報収集の手順

（ア）HP で確認

- ☐ 同業他社に対する業態の優位性がわかりやすく説明されているか
- ☐ フランチャイズ加盟店を募集していることが明記されているか
- ☐ 全店舗の所在地を公開しているか
- ☐ 加盟希望者向けサイトが用意されていて、加盟に関する諸条件が明
  記されているか

（イ）加盟店訪問時での確認

- ☐ HP の内容と実際に食い違いがなかったかを確認しよう
- ☐ HP が集客や、店舗の営業に役立っているかを確認しよう

## （3）評価のポイント

消費者向けとフランチャイズ加盟希望者向けの両方があり、フランチャイズ
加盟店を募集していることが明記されていることは大切なポイントです。

| 理想的状態 | 好ましくない状態の例 |
|---|---|
| 消費者向け HP に加え、加盟者向けの HP が<br>あり、内容が更新されている。フランチャイ<br>ズ契約の加盟条件が明示されている。業態の<br>優位性がわかりやすく説明されている。 | 消費者向けの HP しかなく、加盟者向けの<br>HP はない。HP からフランチャイズ展開を<br>しているかどうかが判断できない。 |

ステップ 5 〜加盟するチェーンの決定〜

## 本部評価 -6　法定開示書面による事前説明

　法定開示書面の持つ意味、内容については「ステップ9」をご参照ください。中小小売商業振興法では、契約締結の前に、本部が法定開示書面によって本部企業の概要とフランチャイズ契約の重要部分について説明することを義務付けています。また、公正取引委員会が策定した独禁法フランチャイズ・ガイドラインにおいても同様の事前説明を求めています。

### (1) 情報収集のポイント

| 情報収集方法 | ホームページ | 本部担当者 | 展示会 | 事業説明会 | 本部訪問 | 加盟店訪問 | メディア媒体 |
|---|---|---|---|---|---|---|---|
| | | ● | | ● | | ● | |

### (2) 情報収集の手順

(ア) 本部担当者に対する確認
　　□　法定開示書面による重要事項の説明をやってくれるのか確認しよう
　　□　法律で定められた全22項目が網羅されているかを確認しよう
　　□　法定開示書面はいつごろ提示してくれるのか確認しよう

(イ) 加盟店訪問時に加盟店オーナーより確認
　　□　本部は契約前に法定開示書面による事前説明をしたか質問しよう
　　□　本部はいつごろ法定開示書面を提示してくれたかを質問しよう

### (3) 評価のポイント

　法定開示書面を用意していないチェーンが散見されます。こうしたチェーンは情報開示しようとする姿勢がないか、あるいは、法律の規定に従って正直に記載すると加盟希望者の心証を悪くすると考えるからです。フランチャイズ本部としてあってはならない姿勢です。

1. 本部を評価する「ものさし」を手に入れよう

| 理想的状態 | 好ましくない状態の例 |
|---|---|
| 契約の前（直前ではない）に、法律で定められた項目がすべて網羅された法定開示書面によって事前説明がされている。 | 法定開示書面を用意していない又は重要部分が欠落している。 |

## 本部評価 -7 プロトタイプモデル

　立地形態には商店街立地、ロードサイド立地、ビルイン立地、ショッピングセンター内立地などがあります（無店舗型業態を除く）。あるいは、都市部、地方という切り分けができるかもしれません。当然のことですが、立地形態ごとに最適な店舗面積、設備、レイアウトが異なりますし、商品の品揃えや接客サービスについても異なるでしょう。立地形態ごとにモデル店舗が確立されていて、ライバル店に対して競争力発揮しているチェーンは発展性があるといえます。

### （1）情報収集のポイント

| 情報収集方法 | ホームページ | 本部担当者 | 展示会 | 事業説明会 | 本部訪問 | 加盟店訪問 | メディア媒体 |
|---|---|---|---|---|---|---|---|
| | | ● | | ● | ● | | |

### （2）情報収集の手順

（ア）本部担当者への確認

　　　□　モデル店舗は立地タイプ別に設置されているかを確認しよう

　　　□　店舗レイアウト、商品構成等は立地タイプに合わせて考えられているかを確かめよう

（イ）事業説明会、本部訪問時の確認

　　　□　ビルイン専用の狭小スペースフォーマットはあるかを確認しよう

　　　□　ロードサイド専用の駐車場付きフォーマットは用意されているか

　　　□　都市部と地方では店舗フォーマットに違いがあるかを確認しよう

ステップ5 〜加盟するチェーンの決定〜

## （3）評価のポイント

　立地形態ごとに直営のモデル店舗があり、それぞれの立地形態で店舗フォーマットが確立されていて、ライバルに対して優位性を発揮していているかがポイントです。

| 理想的状態 | 好ましくない状態の例 |
|---|---|
| 立地タイプごとの店舗形態でモデル店舗が確立されていて、顧客にとって魅力的な店になっている。加盟希望者がどの立地形態で出店するかの選択肢が与えられている。 | 立地形態ごともモデル店舗が確立されておらず、出店できる立地形態が限定される。 |

### 本部評価 -8　商品力

　扱っている商品やサービスそのものに競争力があるか否かは極めて重要です。たとえ経営の仕組がうまくできていても、商品そのものに魅力がなければ売上にはつながりません。商品やサービスの魅力度について、客観的に見る目が必要です。メディアやエンドユーザーの評価を重視すべきでしょう。

## （1）情報収集のポイント

| 情報収集方法 | ホームページ | 本部担当者 | 展示会 | 事業説明会 | 本部訪問 | 加盟店訪問 | メディア媒体 |
|---|---|---|---|---|---|---|---|
| | ● | | ● | ● | ● | ● | ● |

## （2）情報収集の手順

（ア）自ら購入、試食、サービス体験

　　□　実際に購入・試食・体験し、競合他社との比較を行ってみよう

（イ）HP や展示会での確認

　　□　同業他社に対し、商品やサービスに優位性があるかを質問しよう

（ウ）事業説明会や本部訪問での確認

　　□　競合他社の商品・サービスと比べて魅力的なものか確認しよう

1. 本部を評価する「ものさし」を手に入れよう

（エ）加盟店オーナー、メディア等からの情報

　　□　加盟店オーナーが商品・サービスに自信を持っているか

　　□　取扱商品・サービスに対するマスコミや評論家の評価はどの程度か

## （3）評価のポイント

　チェーンの主力商品、提供するサービスに他社と差別化された優位性がある
かを評価します。他社商品とは差別化された商品を持っているか、その商品の
アピールポイントの強さはどの程度か、お客様から支持されているか（されそ
うか）、を客観的な目で分析しましょう。

| 理想的状態 | 好ましくない状態の例 |
|---|---|
| 他社にはない独自の商品・サービスがあり、それを目当てにした来店客が多い。その商品のアピールポイントは明確であり、他社には容易には模倣できない。 | 独自の商品・サービスが無く、消費者へのアピール力が弱い。加盟店オーナーも店の商品に自信を持っていない。 |

## 本部評価 -9　商品開発力

　たとえ優位性のある商品やサービスを持っていたとしても、その商品力はいつ
まで持続するかわかりません。商品には一定のライフサイクルがあり、やがて顧
客から飽きられます。本部は継続的に商品開発に取組んでいくことが求められま
すが、そのためにはコストと人材資源の投入が必要です。稼いだ利益を商品開
発のために先行投資するという姿勢があるかどうかも評価の対象になります。

## （1）情報収集のポイント

| 情報収集方法 | ホームページ | 本部担当者 | 展示会 | 事業説明会 | 本部訪問 | 加盟店訪問 | メディア媒体 |
|---|---|---|---|---|---|---|---|
| | | | | | ● | ● | ● |

## （2）情報収集の手順

（ア）本部訪問時の確認

□　商品開発部門の有無、人員数、組織体制を質問してみよう

　　□　過去の開発実績を確認してみよう

（イ）加盟店訪問時の確認

　　□　本部の商品（サービス）開発体制について確認してみよう

（ウ）メディア等による評価

　　□　競合他社と比較して商品開発が活発かをチェックしてみよう

　　□　開発した商品（サービス）のヒット率はどの程度かを確認しよう


## （3）評価のポイント

　チェーンの主力商品、独自商品について、常に改善していく姿勢があるか否かをみます。商品がお客様に飽きられる前に次の新商品を投入しているか、その体制は整っているか、その商品はお客様から支持されているか、を客観的な目で分析しましょう。

| 理想的状態 | 好ましくない状態の例 |
| --- | --- |
| チェーン独自の商品・サービスを常に開発し続けており、売れ行きが下がる前に新商品が出ている。タイミング良く新商品が投入されている。 | 売れ行きが下がってきた商品があっても、そのまま放置している期間が長く、加盟店オーナーが不満を持っている。 |


## 本部評価-10　開業サポート・開業前研修

　未経験者である加盟希望者が、本部の基準を満たす店を用意してスムーズに店をオープンさせることは簡単なことではありません。本部がどのようなサポートをしてくれるのかは必ずチェックが必要です。

　店舗を運営するためのノウハウを短期間で習得するためには、充実した開業前研修のプログラムが出来上がっていることが必要です。プログラムの充実度も見過ごすことができないチェックポイントです。

## （1）情報収集のポイント

| 情報収集方法 | ホームページ | 本部担当者 | 展示会 | 事業説明会 | 本部訪問 | 加盟店訪問 | メディア媒体 |
|---|---|---|---|---|---|---|---|
| | | ● | | ● | | ● | |

## （2）情報収集の手順

（ア）本部担当者へのヒアリング

　　□　開業サポートとして何をやってくれるのか確認しよう

　　□　本部が店舗物件の紹介、立地評価、店舗の設計施工業者の紹介、引渡された店舗のチェックをやってくれるかどうかを確認しよう

　　□　開業前研修プログラムの内容とその完成度を質問してみよう

（イ）加盟店訪問による確認

　　□　本部がしっかり店舗オープンをサポートしてくれたか確認しよう

　　□　開業前研修の内容と充実度について質問してみよう

　　□　研修期間内で店舗運営に必要なスキルの習得できたかを確認しよう

## （3）評価のポイント

　加盟店の店舗をスムーズにオープンさせてあげることは本部の重要な仕事です。その中でも、開業前研修と開業時サポートは本部の力量が問われる項目です。

| 理想的状態 | 好ましくない状態の例 |
|---|---|
| 本部より開店に向けた行程表が示され、本部が必要なサポートをしてくれる。開業前研修プログラムは充実していて、所定の期間で必要なスキルが習得できる。 | 開業のためのサポートは少ない。開業前研修ではバイトスタッフと同列に扱われ、期間内に必要なスキルを習得できない。 |

### 本部評価 -11　スーパーバイザー

　スーパーバイザー（SV）とは、本部と加盟店を結ぶパイプ役であり、本部からの情報を伝え、加盟店の経営についてアドバイスを行います。SV の存在は、フランチャイズビジネスの大きな特徴で、SV はチェーンの品質を担保す

る重要な役割を担います。SV は高い見識と専門性が求められますが、チェーンの中には SV としての資質がなく教育も不十分な社員を SV にして、加盟店から不満が出ることがあります。

## （1）情報収集のポイント

| 情報収集方法 | ホームページ | 本部担当者 | 展示会 | 事業説明会 | 本部訪問 | 加盟店訪問 | メディア媒体 |
|---|---|---|---|---|---|---|---|
|  |  | ● |  | ● | ● | ● |  |

## （2）情報収集の手順

（ア）本部担当者への質問や本部訪問の際の確認

　　　□　SV の人数は何人か、一人の担当は何店舗かを確認しよう

　　　□　SV の加盟店訪問頻度を確認しよう

（イ）加盟店訪問の際の確認

　　　□　SV の訪問頻度と滞在時間を質問しよう

　　　□　SV が実際には何をしてくれるのかを聞いてみよう

　　　□　SV が十分な能力や資質を備えているかを確認しよう

　　　□　SV の人柄について質問してみよう

## （3）評価のポイント

　SV 体制の評価は、加盟店の訪問回数、店舗数とのバランスも勘案した SV 総人数、SV の指導内容がポイントです。それにもまして重要なことは SV の資質と能力です。いくら頻繁に訪問してきても、ご用聞きと変わらないレベルなら反って店の営業の邪魔になるだけです。

| 理想的状態 | 好ましくない状態の例 |
|---|---|
| 2ヵ月に1回以上の頻度で訪問し、言動や行動に妥当性が感じられ、信頼できる。データ分析、最新情報等に基づいた根拠ある指導が行われている。 | SV がいない。いても定期的な訪問はなく、約束を守らず信頼できない。SV が広報や加盟店開発など、何役も業務を担当している。 |

## 本部評価 -12　不振店対策

　フランチャイズに加盟したからといって必ず成功するわけではありません。どんなチェーンにも不振店がある程度の割合で存在します。不振店に対して本部がどのような対策を行う用意があるかは、本部を評価する上で大事な要素の一つです。優秀なチェーンは、加盟店の状況に応じた不振店対策のプログラムを用意しています。

### (1) 情報収集のポイント

| 情報収集方法 | ホームページ | 本部担当者 | 展示会 | 事業説明会 | 本部訪問 | 加盟店訪問 | メディア媒体 |
|---|---|---|---|---|---|---|---|
| | | | | | ● | ● | |

### (2) 情報収集の手順

（ア）本部訪問の際のヒアリング

　　　□　売上高が予想に届かなかった時の支援内容を聞いてみよう

　　　□　過去に行った不振店対策の事例を確認してみよう

（イ）加盟店訪問の際の確認

　　　□　不振店に対して本部は何を実施してくれるのかを確認しよう

　　　□　過去に不振店の業績が向上した例はあるかを聞いてみよう

### (3) 評価のポイント

　不振店対策は本部にとって負担の多い仕事ですが、ブランド価値を維持するためにしっかりとした対応が求められます。不振店と言ってもレベルは様々です。不振の程度に応じて、①SVの訪問頻度のアップ、②優秀なSVへの交代、③現場スタッフの派遣、④テコ入れのための販促の実施、⑤全スタッフの入れ替えなど、様々なメニューを持っていることが理想です。

ステップ5 ～加盟するチェーンの決定～

| 理想的状態 | 好ましくない状態の例 |
|---|---|
| 不振店対策として業績に応じたメニューが用意されていて、本部の支援によって業績が持ち直した例が多い。 | 本部が不振店の業績をあげるためのノウハウを持っていない又は不振店を見て見ぬフリをする。 |

### 本部評価 -13　マニュアルの充実度

　フランチャイズチェーンにおけるマニュアルは、店舗運営の手引書、開業前研修のテキストなどの役割を果たします。使いやすマニュアルが用意されていることで、お客様がどの店舗を利用しても同じ満足を得られることできるわけです。マニュアルは店舗運営に関するすべての業務（接客、調理、衛生管理、店長業務、トラブル対応など）が網羅されていることが理想です。また、実態に合わないマニュアルは役に立たず、タイムリーに改訂されることも必要です。

### (1) 情報収集のポイント

| 情報収集方法 | ホームページ | 本部担当者 | 展示会 | 事業説明会 | 本部訪問 | 加盟店訪問 | メディア媒体 |
|---|---|---|---|---|---|---|---|
| | | ● | | | ● | ● | |

### (2) 情報収集の手順

（ア）本部担当者への質問又は本部訪問の際の確認

　　　□　どんな種類のマニュアルがあるのかを確認してみよう

　　　□　マニュアルは紙媒体だけなのか、映像でのマニュアルがあるかを確認しよう

（イ）加盟店訪問時の確認

　　　□　役に立つマニュアルがあるかを確認してみよう

　　　□　マニュアルが常に改訂されているかを確認しよう

　　　□　店舗運営に必要な項目が全てカバーされているかを確認しよう

1. 本部を評価する「ものさし」を手に入れよう

## （3）評価のポイント

　フランチャイズチェーンでは、お客様がどの店を利用しても同じ品質の商品やサービスを提供されることが求められます。そのためには充実したマニュアルが用意されていることが重要です。店舗運営だけでなく経営管理まで網羅されていることが理想です。

| 理想的状態 | 好ましくない状態の例 |
|---|---|
| マニュアルは店舗運営のすべてが網羅されており、マニュアルに沿って店舗運営ができる。 | マニュアルがない。形だけのマニュアルで役に立たない。 |

### 本部評価 -14　モデル収支・営業利益率

　モデル収支は加盟案内やパンフレットなどに記載されている損益計算例です。営業利益率は「営業利益額÷売上高」で表され、数値が大きいほど良好です。営業利益率は本来の営業活動の収益性を測る大変重要な指標です。ただし、本部が劣悪な収支モデルを提示するはずがなく、仮に良い内容の数値であっても根拠の確認が不可欠です。

### （1）情報収集のポイント

| 情報収集方法 | ホームページ | 本部担当者 | 展示会 | 事業説明会 | 本部訪問 | 加盟店訪問 | メディア媒体 |
|---|---|---|---|---|---|---|---|
| | | | ● | ● | ● | ● | |

### （2）情報収集の手順

（ア）展示会や事業説明会で配布される資料での確認

　　　□　モデル損益にオーナー給与が含まれているかを確認しよう

　　　□　減価償却費の扱いや税金が考慮されているか確認しよう

（イ）本部訪問時の確認

　　　□　数値の根拠（業績のよい直営店の数値か平均値か）を確認しよう

ステップ5〜加盟するチェーンの決定〜

□　売上高営業利益率の平均値と最も業績の良い店舗の数値に関する
　　　　データを出してもらおう
（ウ）加盟店訪問時の確認
　　□　最近の営業利益率を質問してみよう

## （3）評価のポイント

　モデル数値の根拠が何であるかが重要です。たとえば全店舗の平均値なら参考になりますが、繁盛店の数値だけを記載している場合があります。オーナーが店舗に入って業務を行っている場合には、オーナー給与が人件費に含まれているか必ず確認する必要があります。本部訪問時のヒアリングで明確な回答が得られない場合には、収益性に問題がある可能性があり、この点を見極める必要があります。

| 理想的状態 | 好ましくない状態の例 |
|---|---|
| 納得できる根拠（全店平均、全FC店平均など）が示され、営業利益率が比較的高い（最低でも10％以上）。 | 計算根拠が不明確で、聞いても明確な回答がない。 |

## 本部評価 -15　投資回収期間

　初期投資額の主な内訳は加盟金、研修費、店舗内外装費、設計料、機械・設備、備品費、その他オープン時費用などです。投資回収期間とは初期投資額を何年で回収できるかという指標です。通常「初期投資額÷年間キャッシュフロー（営業利益＋減価償却費）」で算出し、この数値が小さいほど投資額を早く回収できることを意味します。

## （1）情報収集のポイント

| 情報収集方法 | ホームページ | 本部担当者 | 展示会 | 事業説明会 | 本部訪問 | 加盟店訪問 | メディア媒体 |
|---|---|---|---|---|---|---|---|
| | | | | ● | ● | ● | |

1. 本部を評価する「ものさし」を手に入れよう

## （2）情報収集の手順

（ア）事業説明会での確認

　　　□　平均的な投資回収期間が何ヵ月程度かを質問してみよう

（イ）本部訪問時の確認

　　　□　平均投資回収期間の計算でオーナー給与を経費に含めて計算されているかを確認しよう

　　　□　モデル損益の各数値の根拠が何かを確認しよう

（ウ）加盟店訪問時の確認

　　　□　初期投資額の総額がいくらだったかを確認してみよう

　　　□　どのくらいの期間で初期投資額を回収できた（できる）か質問しよう

## （3）評価のポイント

　短い投資回収期間を謳い文句に加盟店を募るチェーンがあります。数値を鵜呑みにせず、その根拠を確認することが大切です。投資回収の計算に税金は加味されていないケースが一般的です。よって、実際の投資回収期間は出てきた数値よりも長くなります。こう考えると、5年以内での回収が望ましいでしょう。ただ、オープンから5年以上過ぎても売上が大きくダウンしない長寿業態の場合は、7年を目安に考えます。

| 理想的状態 | 好ましくない状態の例 |
|---|---|
| 計算の根拠となる初期投資額やモデル収支の根拠が納得できるものであり、5年以内で回収できる。 | 数値の根拠が一部の繁盛店のものであり、チェーン全体の平均値ではない。あるいは、回収期間が長過ぎて、契約期間以内に回収できそうにない。 |

### 本部評価 -16　加盟店会の有無

　加盟店会は、ビジネスを行う仲間（加盟店）と同じ立場で情報交換する場を提供しますし、加盟店会から現場の意見を本部に伝えることもできます。加盟店会は、時に、チェーン発展のために大きな役割をはたすことがあります。と

ころが、加盟店会が団結して本部に要求を実現するための圧力団体になること
があるので、本部が加盟店会の結成を認めないことがもあります。こうした姿
勢は決して評価されるのもではありません。

## （1）情報収集のポイント

| 情報収集方法 | ホームページ | 本部担当者 | 展示会 | 事業説明会 | 本部訪問 | 加盟店訪問 | メディア媒体 |
|---|---|---|---|---|---|---|---|
|  |  | ● |  |  | ● | ● |  |

## （2）情報収集の手順

①本部担当者に対するヒアリングや本部訪問の際のヒアリング

　　　□　加盟店会の存在の確認と開催頻度を確認しよう

　　　□　本部が加盟店会からの要望を受け入れることがあるかを確認しよう

②加盟店訪問の際のヒアリング

　　　□　加盟店会に参加しているかどうか確認しよう

　　　□　加盟店会の活動について確認しよう

　　　□　加盟店会の運営に本部が過度に関与していないかを聞いてみよう

## （3）評価のポイント

　加盟店会は、同じ立場の加盟店同士の交流により、本部とは違う視点のビジ
ネスヒントを収集し、店舗運営に活かす大きなチャンスの場となります。本部
が加盟店会の提案を受け入れ、顧客満足度を高め大きく発展したチェーンがあ
りました。加盟店会の活動が活発でスムーズに運営されているチェーンは、成
長の可能性を秘めたチェーンと言えるでしょう。

| 理想的状態 | 好ましくない状態の例 |
|---|---|
| 定期的に開催され、大半の加盟店が出席している。本部が加盟店会からの提案を採用することがある。 | 加盟店会が組織されていない又は本部が加盟店会の結成を許さない。本部が作った形だけの加盟店会である。 |

**本部評価 -17** 出店余地

　加盟者が複数出店することで、①スタッフのやり繰りが楽になる、②運営のノウハウが蓄積する、③本部からの優遇措置が期待できる、など大きなメリットを享受できます。ところが、本部の出店計画と既存の店舗数によって、新規出店の余地が小さい場合があります。これでは、加盟者が複数店出店をすることは簡単ではありません。ただ、いくら出店余地が大きくても、チェーンの成長が見込めないのであれば意味がありません。出店余地とチェーンのライフサイクル上の位置（導入期・成長期・成熟期・衰退期）の両面からの評価が必要です。

## （1）情報収集のポイント

| 情報収集方法 | ホームページ | 本部担当者 | 展示会 | 事業説明会 | 本部訪問 | 加盟店訪問 | メディア媒体 |
|---|---|---|---|---|---|---|---|
| | | ● | | ● | ● | ● | |

## （2）情報収集の手順

（ア）事業説明会や本部訪問の際の確認

　　□　出店を希望している地域にどのくらいの出店余地があるか確認する

　　□　本部の事業計画における目標店舗数と既存店舗数を確認する

（イ）加盟店訪問時の確認

　　□　複数店舗の出店を検討しているかを質問してみよう

　　□　チェーンが成長軌道に乗っていて、今後も店舗数が増えると考えるかを質問してみよう

　　□　本部は加盟店の複数店舗出店に積極的かを聞いてみよう

## （3）評価のポイント

　チェーンが導入期、成長期、成熟期、衰退期のどの位置にいるのかは加盟希望者自身で判断する必要があります。チェーンが導入期にある場合は、出店余

ステップ 5 ～加盟するチェーンの決定～

地は大きいですがリスクも大きいと言えます。成熟期にありながらも出店余地が大きいというケースは、ある程度の評価をしてよいでしょう。

| 理想的状態 | 好ましくない状態の例 |
|---|---|
| チェーンが成長期にあり、尚かつ出店余地が大きい。 | 出店余地がほとんどない、又は出店余地は大きいがチェーン全体が衰退期に入っている。 |

## 本部評価 -18　複数出店オーナー数と契約更新割合

　加盟店満足度を図る指標には、①複数出店オーナー比率、②契約更新率、があります。チェーンに加盟して業績がよければ、同じチェーンの店をもう1店舗出店しようと考えるはずです。また、そのチェーンに加盟していることに満足していれば、契約期間が満了した際、契約を更新して事業を続けたいと考えるでしょう。これらの数値をチェックすることにより、加盟店の満足度を推測できます。

### (1) 情報収集のポイント

| 情報収集方法 | ホームページ | 本部担当者 | 展示会 | 事業説明会 | 本部訪問 | 加盟店訪問 | メディア媒体 |
|---|---|---|---|---|---|---|---|
| | | | | ● | ● | ● | |

### (2) 情報収集の手順

（ア）事業説明会及び本部訪問時の確認

　　　□　複数出店オーナー比率を質問してみよう

　　　□　加盟店の契約更新率は何パーセントか聞いてみよう

（イ）加盟店訪問時の確認

　　　□　複数出店の希望があるかを質問してみよう

　　　□　知り合いのオーナーで複数出店している方がどの位いるかを質問してみよう

1. 本部を評価する「ものさし」を手に入れよう

## （3）評価のポイント

　複数出店オーナーの比率が高いということは、その業態の収益性が高い、投資回収が早い、成長が見込める等の裏返しと考えることができます。ただ、成熟したチェーンほど、複数出店オーナーの比率が高まる傾向がありますので、成熟したチェーンの場合は割り引いて考えた方がいいでしょう。また、契約更新率が高いほど、加盟者の満足度が高く、良いチェーンということができるでしょう。

| 理想的状態 | 好ましくない状態の例 |
|---|---|
| 複数出店オーナーが40％以上、契約更新率が80％以上。 | 複数出店オーナーがほとんどおらず、契約更新率が低い。あるいは、本部が言葉を濁して説明を避ける。 |

# 2. 本部を絞り込む Part ①

このセクションの **Point**

> 1. 採点の流れについて理解しましょう
> 2. レーダーチャートの使い方を学びましょう

## （1）本部を客観的に採点する

　本部ごとに行った6つの評価項目（合計18項目）について整理し、比較をしやすくするためのツールが「レーダーチャート」です。点数を図で示すことで視覚的に全体像が捉えやすくなり、複数社の違いも直感的に確認できるようになります。

　リストでつけた評点をレーダーチャートにする際には、大項目のもつ項目数によって結果が左右されないよう、評点を評価項目数で割るという作業が必要となります。

　ここで大切な視点は、1チェーンのみの評価をしても意味を持たないことです。どんな有名チェーンであっても満点になることなどはあり得ません。複数

ステップ5 〜加盟するチェーンの決定〜

のチェーンを相対評価するという姿勢が重要です。

【図表 5-2　採点の流れ】

**本部経営姿勢**

| 大項目 | 連番 | 評価項目 | 最小点 | 最大点 | 評点 |
|---|---|---|---|---|---|
| 本部経営姿勢 | 1 | チェーン理念 | 1 | 4 | 3 |
| | 2 | 本部トップの資質（経歴・専門知識・人柄） | 1 | 4 | 4 |
| | 3 | 将来ビジョン・戦略 | 1 | 4 | 4 |
| | 4 | フランチャイズ契約書の預託 | 1 | 4 | 3 |
| 小計 | | | 4 | 16 | 14 |

項目の評点を、大項目ごとに合計する

| 大項目 | 小計 | 大項目評価点数 |
|---|---|---|
| 本部経営姿勢 | 14 / 4 | → 14÷4＝3.5 |
| 情報公開度 | / 2 | |
| 事業運営力 | / 3 | |
| 加盟店支援力 | / 4 | |
| 店舗収益性 | / 2 | |
| 加盟店満足度 | / 3 | |
| 小計 | | |

大項目ごとの小計を項目数で割って大項目評価点数を算出する

## （2）見える化でさらに確認

　1枚の大項目レーダーチャートに調査した本部の評価点数をプロットし、自分自身の大項目評価の重み付け（通常、店舗収益性と加盟店満足度が特に重要視される）を勘案しながら比較評価を行いましょう。

【図表 5-3　大項目の評価点数とレーダーチャート】

| 大 項 目 | 小計値 | 項目数 | 大項目評価点数<br>（小計値 ÷ 項目数） |
|---|---|---|---|
| 本部経営姿勢 | | 4 | |
| 情報公開度 | | 2 | |
| 事業運営力 | | 3 | |
| 加盟店支援力 | | 4 | |
| 店舗収益性 | | 2 | |
| 加盟店満足度 | | 3 | |

2. 本部を絞り込む Part ①

【図表 5-4　大項目レーダーチャート】

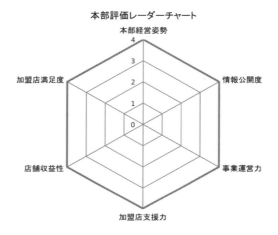

ワークブックでチェック！

質問　結果をレーダーチャートにするメリットはどのようなものですか？
【回答は P236】

# 3. 本部を絞り込む Part ②

このセクションの Point

1．候補本部の採点結果を評価してみましょう
2．本部同士の比較を行い、候補を絞り込みましょう
3．最終判断は、ご自身の主観的評価も加味して決断しよう

## (1) 本部同士を比較する

　レーダーチャートは本部間の比較をする際に、視覚的にその違いをとらえら

れるという利点があります。複数の比較を行った際には、重ねたチャートを作ってみましょう。

【図表 5-5　本部を比較するためのレーダーチャート】

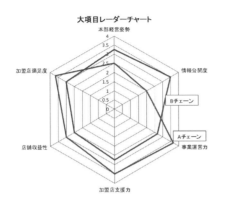

## (2) 本部選択の方程式

万人にとって素晴らしい本部は存在しません。客観的評価と、自分の棚卸しで使った情報を組み合わせ、あなたにとって最高の本部を見つけてください。

客観的評価（本部評価基準の活用）×
主観的評価（自らの人生観・価値観・相性・目標との整合性）
　　　　　　　　　　　　　　　＝自分にとってよい本部の選択

# ワークブックでチェック！

**Q1** 加盟を検討している本部を実際に評価してみましょう。サンプルを参考にしながら、空欄に１～４の数字を書き入れ、大項目の評価点を計算してみましょう。

1：全く評価できない　2：あまり評価できない　3：やや評価できる　4：非常に評価できる

| 大項目 | 連番 | 評価項目 | サンプル | Aチェーン | Bチェーン | Cチェーン |
|---|---|---|---|---|---|---|
| 本部経営姿勢 | 1 | チェーン理念 | 4 | | | |
| | 2 | 本部トップの資質（経歴・専門知識・人柄） | 3 | | | |
| | 3 | 将来ビジョン・戦略 | 2 | | | |
| | 4 | フランチャイズ契約書の預託 | 4 | | | |
| | | 小計① | 13 | | | |
| | | 評価点（小計①/4） | 3.3 | | | |
| 情報公開度 | 5 | ホームページの充実度 | 2 | | | |
| | 6 | 法定開示書面による事前説明 | 4 | | | |
| | | 小計② | 6 | | | |
| | | 評価点（小計②/2） | 3 | | | |
| 事業運営力 | 7 | 立地タイプごとのプロトタイプモデル | 4 | | | |
| | 8 | 商品力 | 3 | | | |
| | 9 | 商品開発力 | 4 | | | |
| | | 小計③ | 11 | | | |
| | | 評価点（小計③/3） | 3.7 | | | |
| 加盟店支援力 | 10 | 開業サポート・開業前研修 | 3 | | | |
| | 11 | スーパーバイザー | 4 | | | |
| | 12 | 不振店対策 | 1 | | | |
| | 13 | マニュアルの充実度 | 2 | | | |
| | | 小計④ | 10 | | | |
| | | 評価点（小計④/4） | 2.5 | | | |
| 店舗収益性 | 14 | モデル収支・営業利益率 | 4 | | | |
| | 15 | 投資回収期間 | 3 | | | |
| | | 小計⑤ | 7 | | | |
| | | 評価点（小計⑤/2） | 3.5 | | | |
| 加盟店満足度 | 16 | 加盟店会の有無 | 1 | | | |
| | 17 | 出店余地 | 4 | | | |
| | 18 | 複数店オーナー割合と契約更新率 | 2 | | | |
| | | 小計⑥ | 7 | | | |
| | | 評価点（小計⑥/3） | 2.3 | | | |

ステップ5 〜加盟するチェーンの決定〜

Q2 サンプルを参考にして、加盟を検討している本部の評価点をレーダーチャートに書き入れてみましょう。すでに記入されている実線はサンプルの評価点です。

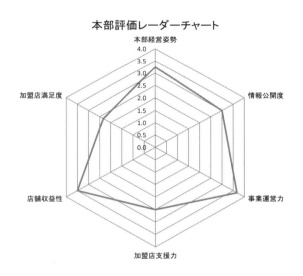

Q3 空欄を埋めましょう。

　① （本部評価基準の活用）× ② （自らの人生観・価値観・相性・目標との整合性）＝ 自分にとってよい本部の選択

　　【回答は P236】

3. 本部を絞り込む Part ②

## コラム5 「本命本部の決定」

　そして、フランチャイズ加盟に関心を持つきっかけともなった「綾の樹カフェチェーン」の説明会の日。説明会といっても、こちらは個別説明の形をとっている。

　本社の応接室に通されると、2名の男性が待っていた。ひとりはFC事業責任者、もうひとりは社長。「うちは、チェーンの理念に心から共感していただける方とパートナーになりたいので」と、社長の登場に驚く香奈に気さくに挨拶し、椅子をすすめてくれた。

　2時間の面談時間のうち、1時間半は社長とのやりとりが中心になった。社長の経歴、どのような想いで1店舗目をオープンしたか、店作りや食材へのこだわり、なぜフランチャイズチェーンという形を取り始めたか、実際にどのような苦労に直面し、それをどう乗り越えたか……。熱意を持って語られる言葉に気持ちが沸きたつ。そして何より「人を元気づけ、癒やし、気持ちを切り替えられる場を提供すること」を大切にしているという話が、香奈にとっての決定打となった。「このチェーンは私が目指していたものを、もっと高い視点で目指している！」

　他のチェーンと比べて歴史は浅いけれど、ここなら一緒に苦労をしながらでも、もっといいお店に育てていける。本部の説明を聞いて「一緒にやってみたい」と心から思ったのは初めてだった。

ステップ **6**

# 立地と売上予測

## 物件の立地によって成功が大きく左右される

　小売業や飲食業、サービス業のように、お客様が店舗を訪れて商品購入やサービス利用を決める業種・業態は「立地産業」と呼ばれ、立地によって成功が大きく左右されます。

　物件探しから物件評価まですべてを自らできればベストですが、多忙な加盟希望者はなかなか時間を割くことができません。この場合、本部作成の立地評価資料を活用して物件を吟味します。

　効率的に物件を決めるために本部活用は有効ですが、すべてを鵜呑みにしてはいけません。

　投資判断をするための必要な情報が提供されているかどうか、客観的にチェックしましょう。また、資料だけで判断せず、必ず自らの足で物件を見に行き、物件のまわりの環境や人や車の流れを観察しましょう。

　人の流れを想像し、売上のイメージまでつかめることが物件選びの理想となります。また、店舗面積などから売上を予測し、必要な売上を確保できる物件かどうかを見極めることも大切です。

# 1. 商圏・立地調査の重要性

このセクションの **Point**

> 1. 店舗業態は立地によって成功が大きく左右されます
> 2. 物件を探す前に環境条件・物件条件の基準を設定しておきましょう
> 3. 物件のタイプによってそれぞれメリット・デメリットがあります

## （1）店舗業態は立地産業

　お客様が店舗を訪れて商品購入やサービス利用を決める業種・業態は「立地産業」と呼ばれ、立地によって成功が大きく左右されます。同じ商品を、同じ方法・同じ価格・同じサービスで売ったとしても、立地によって売上が変わるからです。そこで立地選定（店をどこに出すか）という視点が重要になります。

　商売の基本は立地といわれ、「どこに立地させるか」という意思決定は、店舗の命運を握る重要な要素です。「その立地の持つポテンシャルをどうやって見極めるか」がポイントであり、有利な立地を選ぶことが事業を成功へ導く鍵となります。

## （2）商圏から立地を探す基準

　土地の利用規制、産業、住民や事業所従業者の構成、所得、生活様式、競合関係などが立地を構成する要素になり売上に影響を与えます。これら立地要素の主な項目について、あらかじめそれぞれに必要となる基準（環境条件）を設定しておきます。

（ア）環境条件

| 1. | 都市計画上の用途指定（建ぺい率、容積率など） |
|---|---|
| 2. | 商圏人口の設定（半径何 km が 1 次商圏で、その中の居住人口、昼間人口、年齢構成、男女比など 2 次商圏、3 次商圏も同様） |

| 3. | 店舗道路の条件（生活道路、車道の幅員、歩道の幅員、通行車種と最低の通行量、安全性、接近可能性、視認性など） |
|---|---|
| 4. | 店前通行量（人や車の通行量を営業時間別に計測、大型店や大型商業集積の場合はその利用者数） |

（イ）物件条件

　商売には、業種・業態、営業規模における必要売上高、経費、投資など、収益確保のための要素があります。それらの基準を満たすために出店予定地、土地の面積、土地の地形などを物件条件として設定します。地形（じがた）と面積もあらかじめ決定しておきます。地形が合致していない物件に出店すると本部が求める仕様の店にならず、売上高や粗利益率に狂いが生じます。面積が狭い場合には出店を見送る、広い場合は分割利用等の方法を検討することが必要です。

## （3）物件探しのポイント

（ア）物件情報の収集

　情報取集においては、いかに多くの情報を確保するか、いかに不動産流通に出る前の貴重な情報をつかむか、が重要なポイントになります。不動産業者に仲介を依頼する場合、事前に条件を提示しておくと無駄がありません。

　不動産業者は取扱物件に得手・不得手がありますので、住宅物件ではなく店舗物件を中心に扱っている業者を訪問します。地元の物件情報はその地域の不動産業者の間を流通していますので、必要以上に多数の業者を訪問することは効率的ではありません。ただし、それぞれの不動産業者には固有の情報を持っている場合がありますので、足繁く通う間に情報を流してくれることはあります。一般に公開される前の貴重な情報をいかに早く入手できるかは、不動産業者との信頼関係の構築にかかっています。

（イ）建築物の賃借条件

　業種・業態、営業規模における必要売上高、経費、投資などの基準を満たすために、あらかじめ賃借条件の目安を決めておきます。（保証金、礼金、賃料、共益費など）

ステップ6 〜立地と売上予測〜

## （4）物件タイプ別メリット・デメリット

物件のタイプには、主にスケルトン（建物躯体のみで店舗の内装設備がなく、電気配線や水道のレイアウトから計画する）、居抜き（店舗の内装設備が残っている）、テナント（ビルやショッピングセンターの一部区画を借り受ける）の3つがあります。

【図表6-1　店舗物件タイプごとのメリット・デメリット】

| タイプ | メリット | デメリット |
|---|---|---|
| スケルトン | ・思い通りの店づくりができる<br>・新築である場合が多い | ・投資額が高くなる<br>・電気・水道工事等で時間がかかる |
| 居抜き | ・投資額が低く抑えられる<br>・高額な厨房器具がついている<br>・開業準備の手間がかからない | ・撤退した前の店の評判を引き継ぐ<br>・設備の価値を判断しにくい<br>・自由な店舗づくりができない |
| テナント | ・知名度・集客力がある<br>・ビル全体で保険に加入している<br>・イベントの計画を立ててくれる場合がある | ・保証金、賃料、共益費等が高い<br>・工事業者を指定される場合がある<br>・販促活動など家主の方針を無視できない |

## ワークブックでチェック！

> Q　フランチャイズでは、どこに店を出すか（立地）が成功、失敗の分岐点となります。何故、立地選定が重要なのかその理由を書いてください。

【回答は P236】

# 2. 本部調査資料のチェックポイント

## このセクションの Point

1. 本部作成の立地評価資料を鵜呑みにしないよう注意しましょう
2. チェックシートにしたがい、各項目をチェックしてみましょう
3. 本部に任せきりにせず、自分でも関心を持って調査しましょう（web サイト等）

　「立地評価は加盟希望者自らが行うべき」が大原則です。しかし、加盟希望者は多忙なことから、なかなか時間を割くことができないのが現実です。立地評価は加盟判断の重要なポイントになることから、加盟希望者の加盟決断がしやすいように、立地評価資料を作成して加盟希望者に渡してくれる本部もあります。

　この場合の本部の立地評価資料をチェックするポイントは以下のとおりです。

**【図表 6-2　本部の立地評価資料のチェックポイント】**

| 項　　目 | チェックポイント |
|---|---|
| ①商圏範囲<br>マップに示された予想商圏の範囲は妥当か | 来店が見込めないような線路や道路の反対側まで商圏に見込んでいることはないか。通常、商圏はバリア（分断要素）で切られるので、絶対に真円にはならない。 |
| ②データ<br>使われているデータは最新のものか | 統計データの若干のタイムラグは致し方ないが、大きく変わった部分（都市開発、住宅開発、商業開発、観光開発、交通インフラ変更など）は最新の状況に修正されている必要がある。 |
| ③定義・出所<br>内部データや業界データの定義や出所が示されているか | 社内やその業界にしか適用しないデータの場合、その定義をしっかり確認すること。また、使われているデータには必ず出所があるはず。その出所が明示されないようなデータは信用してはいけない。 |
| ④競合<br>競合店調査はしっかり行われているか | 競合店の利用実態や強み・弱みの把握はもちろん、将来の出店の可能性まで（予見できる範囲でという制約はあるものの）確認していることが望ましい。 |
| ⑤地域特性<br>出店予定地域の特性が把握されているか | 居住者・流動者の特徴、道路の状況、普段の生活の中で行動意識が向いている方向（最寄り駅や公共施設、ショッピングセンター）などの地域特性の把握は不可欠。 |

ステップ6 〜立地と売上予測〜

| ⑥予測売上<br>予測売上を計算する手順は理に適っているか | しっかりと根拠が示され、顧客の立場からみて納得できるか、の視点が大切。既存店が多数ある本部で、顧客の来店により売上を稼いでいる業種であれば、それら既存店のサンプルをもとに立地条件と業績結果とを結びつけて、売上を予測する計算式（売上予測モデル）の構築が可能になってくる。あわせて、初期投資や他の経費（特に販促費）とのバランスで利益を上げ、投資回収できるかといった視点が求められる。 |
|---|---|

## ワークブックでチェック！

立地評価資料（本部作成）をチェックしましょう。

| 項　　目 | チェックポイント | | |
|---|---|---|---|
| ①商圏範囲 | 線路や道路など、商圏を分断するものはない | YES | NO |
| | マップに示された予想商圏の範囲は妥当である | YES | NO |
| | 商圏範囲（　　　　　　　　　　　　　　　　　　　　　　　　　　） | | |
| ②データ | 使われているデータは最新のものである(2〜3年以内) | YES | NO |
| | データ時期から現在までに大きな変化がない（都市開発、住宅開発、商業開発、観光開発、交通インフラ変更など） | YES | NO |
| | 環境変化の大きく変わった部分を考慮している | YES | NO |
| ③定義・出所 | 本部の内部データや業界特有のデータが使用されている場合、きちんとした定義や出所が示されている | YES | NO |
| ④競合 | 競合店・競合業種を認識している | YES | NO |
| | 競合店（　　　　　　　　　　　　　　　　　　　　　　　　　　　）<br>競合業種（　　　　　　　　　　　　　　　　　　　　　　　　　） | | |
| | 競合店の強み・弱みを把握している | YES | NO |
| | 競合店の強み（　　　　　　　　　　　　　　　　　　　　　　　　）<br>競合店の弱み（　　　　　　　　　　　　　　　　　　　　　　　　） | | |
| | 競合店が将来出店する計画がある | YES | NO |
| ⑤地域特性 | 居住者・流動者の特徴は把握している | YES | NO |
| | 一次商圏人口(半径　　　　　m　　　　　　　　　　　　　　　　人)<br>二次商圏人口(半径　　　　　m　　　　　　　　　　　　　　　　人)<br>昼間人口（　　　　　）÷人口（　　　　　）＝昼間夜間人口比率（　　　%）<br>居住者の特徴（　　　　　　　　　　　　　　　　　　　　　　　） | | |
| | 道路の状況を把握している | YES | NO |
| | 交通量（車：多い・普通・少ない　　　　　歩行者：多い・普通・少ない）<br>車線数（　　　　　　　　　）　　　中央分離帯（あり・なし） | | |
| | 生活のマグネットになっている場所を把握している | YES | NO |
| | マグネット（　　　　　　　　　　　　　　　　　　　　　　　　　） | | |

| ⑥予測売上 | しっかりと売上の根拠が示されている | YES | NO |
|---|---|---|---|
| | 売上根拠（直営店平均、近隣店舗実績（店名　　　　　　　　　　）、その他）<br>実績値はいつの実績か（　　　　　　　　　　　　　　　　　　　　　　） | | |
| | 利益は初期投資を回収できる水準か | YES | NO |
| | 年間キャッシュフロー（　　　　　　　　　円）<br>初期投資金額（　　　　　　　　円）<br>初期投資（　　　　　　　円）÷利益（　　　　　円）＝回収期間（　　　　　年） | | |

# 3. 立地評価のポイント

## このセクションの Point

1．立地評価は自ら調査しましょう
2．地域住民になりきってよく観察しましょう
3．面（商圏）⇒線（動線）⇒点（地点）の順で評価を進めましょう

　立地評価結果は、本部から提示されることもありますが、自らが調査してみることが重要です。まずは、既存店の立地状況を比較してみることから始めます。オープンしようと考えている店舗に合致する立地の店舗を選び、必ず自分の目で調査することが重要です。最低5店舗は既存店舗を見て比較するとともに、表などにまとめてチェックすると比較しやすくなります。

　立地評価は客観的に、お客様の視点で行うことが最も重要であり、実査の最大のポイントは、地域住民になりきってよく観察することです。

　立地評価は、面（商圏）⇒線（動線）⇒点（地点）の順で評価を進めます。

ステップ6 〜立地と売上予測〜

## (1) 立地評価のデータ収集

### (ア) 面（商圏評価）

| チェック項目 | 収集方法 |
|---|---|
| 商圏人口・世帯数および伸び率 | 市町村ホームページ・国勢調査 |
| 人口ターゲット比率（年齢別） | 国勢調査 |
| 昼間人口 | 国勢調査 |
| 所得水準 | 地域経済総覧 |
| 家計支出水準 | 家計調査年報 |
| 自家用車保有率 | 地域経済総覧（東洋経済新報社） |

### (イ) 線（動線評価）

| チェック項目 | 収集方法 |
|---|---|
| 場所のわかりやすさ | 実査・現地ヒアリング |
| 商圏内の消費者動線の方向 | 地図読み取り・実査 |
| 商圏分断要因（バリア）の存在 | 地図読み取り・実査 |
| 店前通行量（歩行者・車両）と道路の性格 | 実査・道路交通センサス |
| 競合店数 | i タウンページ・業界リスト・実査 |
| 競合店と比較した場合の立地の優位性 | 実査 |

### (ウ) 点（地点評価）

| チェック項目 | 収集方法 |
|---|---|
| 店前障害物の有無 | 実査 |
| 視認性 | 実査 |
| 間口 | 公図・実査 |
| 地形 | 公図・実査 |
| 車のイン・アウトのしやすさ | 実査 |
| 道路との段差 | 実査 |
| 駐車場の確保（同一敷地に可能か） | 実査 |

## (2) 立地評価の主要チェック項目

### (ア) 面のチェック（商圏評価）

| | |
|---|---|
| 商圏人口<br>※ 商圏とは……<br>　店舗に集客できる範囲 | 例えば 0.5km の円（一次商圏）、1km の円（二次商圏）を描き、町名をチェックします。市町村のホームページ等で各町名の人口を調べます。年齢や世帯人員で人口を調べる場合は、「地図による小商圏分析（JSTAD MAP）」が便利です。 |
| 人口増加率 | 「人口統計ラボ」では国勢調査（平成 22 年）の人口、市町村ホームページで最近の人口がわかります。比較して人口増加率を算出します。 |
| 昼間人口比率 | 市町村ホームページの国勢調査結果で、昼間人口比率がわかります。 |

3. 立地評価のポイント

## （イ）線のチェック（動線評価）

| 店前通行量 | 顧客層が店舗の前をどれだけ通るか、実際に計測してみます。曜日や時間帯、天気によって通行量が変わります。 |
| --- | --- |
| 競合店数 | 商圏内を回って、競合店の数を調査します。同一業種だけでなく、他業種も競合店になる場合があります。（飲食店にとってのコンビニなど） |
| 立地の優位性 | 競合店と比較して、どちらの立地がいいか比較します。 |

## （ウ）点のチェック（地点評価）

| 店前障害物 | 大木とか放置自転車など、来店の支障になるものはありませんか。 |
| --- | --- |
| 視認性 | 店舗外観や屋外看板などで、遠くから店舗の場所がわかりますか。 |
| 間口 | 前面道路に面している部分は十分な幅がありますか。 |
| 地形 | 店舗の中が見通せないなど、使いづらくなっていませんか。 |
| 車の出入り | 反対車線から入れないとか、車の出入りに支障はないでしょうか。交通量が非常に多い場合も、車の出入りは困難になります。 |
| 道路との段差 | 道路と段差があると店舗に入りにくくお客の足が遠のきます。 |
| 駐車場の確保 | 郊外店では駐車場が必須です。同一敷地内に十分な駐車スペースがありますか。 |

# 4. 売上予測と根拠

このセクションの **Point**

> 1．売上予測は、机上の計算と、既存店舗の実績をもとに算出する方法があります。
> 2．本部調査資料の売上予測を見る場合、既存店舗実績の根拠を確認しましょう。

## （1）売上予測の方法

　売上を予測する主な方法はいろいろあります。机上の計算で予測する方法と、既存店舗の実績をもとに算出する方法があります。

## （2）机上の計算で予測する方法

　既存店の実績がなく、新たに事業計画を作成する場合などでこの方法を採用

します。

・家計調査年報（総務省）とシェアで算出

　売上高＝費目支出金額 × 世帯数 × 予想シェア

・客数と客単価で算出

　売上高＝見込み客数 × 予想客単価

・座席数と回転率で算出

　売上高＝座席数 × 予想単価 × 1日の予想回転数 ×30 日 ×12 か月

日本政策金融公庫のサイトでも売上予測の方法を紹介しています。（コンビニ、理美容業など）（http://www.jfc.go.jp/n/finance/sougyou/sougyou02.html#q05）


## （3）既存店舗の実績をもとに予測する方法

　既存店舗の実績をベースとして、既存店舗と新規店舗の立地条件などの違い等を数値に反映させて算出します。本部調査資料では、既存店舗の実績をもとに予測しているケースが多くなっています。

　加盟者自身が売上予測をする場合は、以下の手順になります。

（ア）サンプルをピックアップ

　あなたがオープンしようと考えている店舗タイプや立地タイプ ( 市街地型・ロードサイド型など ) と合致する既存の店舗の中から、本部の担当者に最低 5店舗を紹介してもらい、それぞれの店舗の売上高も確認します。ここでは開業間もない店舗は除外した方がいいでしょう。

（イ）店舗の立地条件を徹底的に比較する

　5 店舗の立地をとことん比較してください。比較する項目は「面のチェック」、「線のチェック」、「点のチェック」の 3 つです。ここで大切なことは、あなた自身が利用者になりきり、その店にとって重要な曜日や時間帯に調査をすることです。必ず、プラス面とマイナス面の両方から評価してください。

（ウ）売上の予測

　本部から紹介された店舗について「面のチェック」、「線のチェック」、「点の

4. 売上予測と根拠

チェック」の調査を行うと、立地の優劣と売上高に一定の相関関係があることに気づくはずです。つまり、売上が多い店は良い立地に店があり、売上が少ない店の立地はあまりよくないという関係です。

　仮に、本部から5店舗を紹介され、それを立地（売上）の良い順にA～Eと並び替えます。あなたがこれから出店しようとする店の立地が、A～Eの店の立地と比べてどの程度の水準にあるかを考えれば、大よその売上予測が可能になります。具体的には、あなたがこれから出店しようとする店の立地がB店とC店の中間であれば、あなたの店の売上はB店とC店の間ということを予測できます。これが、「既存店舗の実績をもとに予測する方法」の基本的な考え方です。世の中には二等立地にありながら超繁盛店という例はいくらでもあります。ですが、こうした例は特異な例で、フランチャイズでは決してあり得ないと考えるべきでしょう。

【図表6-3　既存店舗の実績をもとにした売上予測】

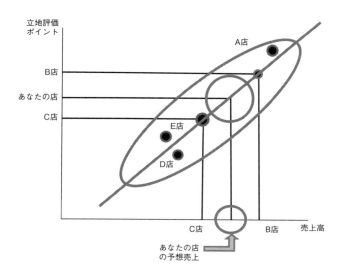

## （4）売上予測の根拠

　本部調査資料で売上予測の根拠が「既存店舗の実績をもとに算出しています」と書かれている場合、数値を鵜呑みにせず、実績数値の根拠まで確認しましょう。

　以下のようなケースでは、売上予測の数値を高く見せることができます。

（ア）既存店舗のなかでも特に高実績をあげている店舗の数値をもとにしている場合

（イ）季節変動があるにもかかわらず、最も売上の高い季節の数値をもとに1か月の売上を算出し、12倍して1年の売上としている場合

（ウ）新規オープン時や特別なキャンペーンを実施した時などのスポット的に高くなった1か月の売上を12倍して1年の売上としている場合

　既存店舗の実績数値の根拠を確認し、候補店舗との立地条件の違いなどを十分考慮して、売上予測することが重要です。

### ワークブックでチェック！👉

> ■売上予測を計算してみましょう

（ケース1）

見込み客数：1日100人（平日）、1日200人（休日）

※1か月のうち平日20日、休日10日

予想客単価：1人800円

> 売上高＝見込み客数 × 予想客単価
> 　1か月売上＝（見込み客数（平日）× 予測客単価）× 日数（平日）
> 　　　　　＋（見込み客数（休日）× 予測客単価）× 日数（休日）
> ＝（①　人）×（②　円）×（③　日）＋（④　人）×（⑤　円）×（⑥　日）
> ＝（　⑦　　円）

4. 売上予測と根拠

（ケース２）

座席数：50 席

予想単価：1000 円

1 日の予想回転率：2.5 回

---

1 か月の予想売上高＝客席数 × 予想単価

×1 日の予想回転数 ×30 日

＝（　①　席）×（　②　円）×（　③　回）×30 日

＝　④

---

（ケース３）

ご自身の候補店舗の売上予測を計算してみましょう

---

【回答は P236】


# 5. 必要売上高の算出

このセクションの **Point**

1．損益分岐点売上高とは、利益＝0となる売上高をいいます

2．応用すると、借入金返済や生活資金を考慮した必要売上高を算出できます

## （1）損益分岐点売上高

　損益分岐点売上高とは、売上と費用が等しくなり、利益＝0となる売上高をいいます。売上高が損益分岐点売上高を下回れば赤字となり、上回れば利益が発生します。

ステップ6 〜立地と売上予測〜

損益分岐点売上高を算出するためには、まず費用を固定費と変動費に分けます。

■固定費：売上高が変化しても連動しない費用です。

　　　　　社員人件費や地代家賃などの経費が該当します。

■変動費：売上高の変化に連動して増減する費用です。

　　　　　仕入代金や食材原価、繁忙期だけに雇うパート人件費などの費用が

　　　　　該当します。

損益分岐点売上高は次の計算式で算出できます。

| 損益分岐点売上高＝固定費÷（1－変動費／売上高） |
| --- |

　利益を出すためには売上高を上げる努力も大切ですが、固定費の削減や、変動費の引き下げも重要になります。


## （2）必要売上高の算出

　売上予測をたてる際、利益＝0では事業が成り立ちません。借入金の返済や生活資金も必要になるためです。こうした要素も考慮して、どれだけの売上が必要になるか計算することも重要です。損益分岐点売上高を応用すると、必要売上高を算出することができます。

　必要売上高は次の計算式で算出できます。

$$必要売上高＝\frac{固定費＋（借入金返済額＋生活資金－減価償却費）÷（1－税率）}{1－変動費÷売上高}$$

　売上予測した金額が必要売上高より少なくなる場合は、客数や客単価を再度検討する必要があります。

**ワークブックでチェック！**

■損益分岐点売上高を計算してみましょう

（ケース１）

売上高 80 万円

材料費 20 万円、社員人件費 20 万円、パート人件費 20 万円、地代家賃 10 万円、その他経費 5 万円

> 固定費＝社員人件費（　①　）＋地代家賃（　②　）＋その他経費
> （　③　）＝（　④　）
> 変動費＝材料費（　⑤　）＋パート人件費（　⑥　）＝（　⑦　）
> 損益分岐点売上高＝固定費（　④　）
> ÷〔1－変動費（　⑦　）／売上高（　⑧　）〕
> ＝（　⑨　）

■必要売上高を計算してみましょう

（ケース２）

売上高 150 万円

固定費 35 万円、変動費 75 万円、減価償却費 5 万円

借入金 600 万円（5 年返済）、生活資金 20 万円

税率＝ 40%（0.4）

　　　【回答は P236】

ステップ6〜立地と売上予測〜

## コラム 6 「立地と売上予測」

　前回の説明から1ヶ月。このところ週末はすべて物件探しで埋まっている。

　前回の面談で「場所は可能なら自分の地元、埼玉県のS市周辺にしたいのですが」と言ったところ、その2日後には開発担当の山寺さんからOKの連絡があった。

　「S市は人口が7万人と少なめですが、人口密度は非常に高いですね。ファミリー向けの比較的高級な大規模マンションも増え、一方で閑静な住宅街もあります。駅周辺の人口比率も20代から40代がずば抜けて高く、所得水準も高めなので、うちの店の出店エリアとしては合格です。」山寺さんはデータで街について調べた後、実際にS駅周辺を訪れて実地調査してくれたらしい。

　「候補物件をいくつか見つけてきました。行きますか？」

　物件を巡りながら、山寺さんは物件の選び方について熱心にいろいろと教えてくれた。

　物件探しから2ヶ月が経ち、ここぞという店舗が見つかった。駅からほど近いビルの一階で広さは20坪、視認性もよい。何より、ビル自体が新しめでカフェの雰囲気にぴったり合う。山寺さんも太鼓判を押す物件だ。

　飲食店NGということだったが、諦めきれない。何とかオーナーに面談の機会を得た。香奈はお店のこと、自分のことを熱く語り、2回目の面談で内諾をもらうことができた。「しっかりやりなさいよ」というオーナーのかけ声に、香奈は素直に「はい！」と大きな声で答えた。

ステップ**7** ————————————

# 資金調達

## 成功の第一歩は、創業時の「おかね」の準備の仕方にある！

　ビジネスを始めるためには、まず元手である資金を用意しなければなりません。この創業時の資金を誰からいくら調達するかということは、その後のビジネスに大きく影響を与えます。ビジネスで成功するために（失敗しないために）、まずは自己資金をいくら用意すれば良いのか、そして、借り入れはどのような金融機関から融資を受ければ良いのか、などについてしっかりと学んでいただきます。

# 1. 創業者にとっての資金調達方法～自己資金編～

このセクションの **Point**

> 1. 自己資金は多ければ多いほど安心であり、信頼を得るための第一歩です
> 2. 自己資金が多いほど加盟できるチェーンの選択肢が広がります
> 3. 自己資金を何に使えば良いかを考えましょう

## （1）自己資金をどれだけ用意できるかで成否が分かれる

　自分自身がいくら自己資金額を用意できるかということは、起業をするうえでとても大切なポイントです。すなわち、自己資金が多いほど金融機関から融資を受けられる金額も多くなりますので、加盟できるチェーンの選択肢も広がります。また、自己資金が多いということは、これまでコツコツと資金を蓄えて起業の準備をしてきた証拠と見ることもできますので、チェーンが行う加盟者に対する審査でも好印象に映ります。

　そして、いくら有名で評判の良いチェーンに加盟したからといって、あなたの店が成功するという保証はなく、いざ開店をしてみると業績が悪く苦戦を強いられる可能性もあります。

　特に脱サラをして起業する人に注意してもらいたいことは、サラリーマン時代は会社から給与の支払いが約束されていて、その給与の範囲内で生活費などを支出することができますが、フランチャイズ加盟店では、売上が保証されているわけではありません。さらに、売上のための仕入れ代金は、売り上げる前に支出しなければなりませんし、パート・アルバイトなどの人件費やテナント家賃などは、売上の有無にかかわらず支出しなければならないものです。ですので、業績が思わしくない場合でも６ヵ月程度は自分自身および家族が生活できるくらいの余裕資金を用意しておきたいものです。

【図表 7-1　初期投資内容・資金調達先記入シート（記入例）】

| | 初期投資内容 | 金　額 | 自己資金額<br>（合計）<br>11,850,000 円 | 融資予定金額<br>（合計）<br>10,000,000 円 | リース利用金額<br>（合計）<br>2,500,000 円 |
|---|---|---|---|---|---|
| ①FC契約に係るもの | 加盟金 | 3,000,000 円 | 3,000,000 円 | 円 | 円 |
| | 保証金 | 1,000,000 円 | 1,000,000 円 | 円 | 円 |
| | 店舗設計・デザイン料 | 500,000 円 | 円 | 500,000 円 | 円 |
| | 店舗内外装費 | 7,500,000 円 | 円 | 7,500,000 円 | 円 |
| | 店舗設備・備品等 | 3,500,000 円 | 円 | 1,000,000 円 | 2,500,000 円 |
| | 開業前研修費等 | 500,000 円 | 500,000 円 | 円 | 円 |
| | 開業前広告費 | 500,000 円 | 500,000 円 | 円 | 円 |
| | 初期仕入資金等 | 1,000,000 円 | 円 | 1,000,000 円 | 円 |
| | その他 | 円 | 円 | 円 | 円 |
| | ①FC 契約に係る<br>　初期投資　小計 | 17,500,000 円 | 5,000,000 円 | 10,000,000 円 | 2,500,000 円 |
| ②FC契約以外 | 会社設立費用 | 300,000 円 | 300,000 円 | 円 | 円 |
| | 店舗物件敷金・保証金 | 1,800,000 円 | 1,800,000 円 | 円 | 円 |
| | 店舗物件礼金・手数料等 | 600,000 円 | 600,000 円 | 円 | 円 |
| | 開業前家賃 | 600,000 円 | 600,000 円 | 円 | 円 |
| | 開業前人件費 | 400,000 円 | 400,000 円 | 円 | 円 |
| | 諸雑費等 | 150,000 円 | 150,000 円 | 円 | 円 |
| | ②FC 契約以外の<br>　初期投資　小計 | 3,850,000 円 | 3,850,000 円 | 円 | 円 |
| | ①＋② | 21,350,000 円 | 8,850,000 円 | 10,000,000 円 | 2,500,000 円 |
| ③生活費のための余裕資金 | | 3,000,000 円 | 3,000,000 円 | 円 | 円 |
| | ①＋②＋③ | 24,350,000 円 | 11,850,000 円 | 円 | 2,500,000 円 |

　図表 7-1 を参考に、初期投資内容をどのような資金で調達するかについて記入してみましょう。

　なお、初期投資内容とその調達先の詳細な結び付けができていない場合もあると思います。その場合は、たとえば「小計」単位ででも良いので、わかる範囲で記入しましょう。

【図表 7-2　初期投資内容・資金調達先記入シート】

| | 初期投資内容 | 金　額 | 自己資金額<br>（合計）　　円 | 融資予定金額<br>（合計）　　円 | リース利用金額<br>（合計）　　円 |
|---|---|---|---|---|---|
| ①FC契約に係るもの | 加盟金 | 円 | 円 | 円 | 円 |
| | 保証金 | 円 | 円 | 円 | 円 |
| | 店舗設計・デザイン料 | 円 | 円 | 円 | 円 |
| | 店舗内外装費 | 円 | 円 | 円 | 円 |
| | 店舗設備・備品等 | 円 | 円 | 円 | 円 |
| | 開業前研修費等 | 円 | 円 | 円 | 円 |
| | 開業前広告費 | 円 | 円 | 円 | 円 |
| | 初期仕入資金等 | 円 | 円 | 円 | 円 |
| | その他 | 円 | 円 | 円 | 円 |
| | ①FC契約に係る<br>　初期投資　小計 | 円 | 円 | 円 | 円 |
| ②FC契約以外 | 会社設立費用 | 円 | 円 | 円 | 円 |
| | 店舗物件敷金・保証金 | 円 | 円 | 円 | 円 |
| | 店舗物件礼金・手数料等 | 円 | 円 | 円 | 円 |
| | 開業前家賃 | 円 | 円 | 円 | 円 |
| | 開業前人件費 | 円 | 円 | 円 | 円 |
| | 諸雑費等 | 円 | 円 | 円 | 円 |
| | ②FC契約以外の<br>　初期投資　小計 | 円 | 円 | 円 | 円 |
| | ①＋② | 円 | 円 | 円 | 円 |
| ③生活費のための余裕資金 | | 円 | 円 | 円 | 円 |
| | ①＋②＋③ | 円 | 円 | 円 | 円 |

1. 創業者にとっての資金調達方法～自己資金編～

# 2. 創業者にとっての資金調達窓口～金融機関からの融資編～

## このセクションの Point

1．創業者は公的融資を活用しましょう
2．信用保証協会の保証付融資のしくみを理解しましょう
3．地方自治体の融資あっせん制度の有無を調べましょう

　チェーンに加盟する際の様々な初期投資額に対しては、まずは自己資金から支出しますが、自己資金で足りない金額については、金融機関からの融資（借り入れ）を検討することになります。融資については、まずは次ページの融資窓口の中から検討してください。なお、起業する人の中には、金融機関からお金を借りることを必要以上に恐れる人がいますが、お金を借りることを恐れるあまりに必要な投資ができずに陳腐な店舗となってしまうことは避けたいところです。また、資金に余裕を持つことは経営者の心のゆとりにもつながります。無理のない返済計画を立てることができたなら、「借金も財産のうち」という前向きな言葉を味方につけて成功への第一歩を踏み出しましょう。

## （1）日本政策金融公庫

　日本政策金融公庫は、政府出資100％の金融機関であり、固定金利で比較的低利率であることが特徴です。新規創業者向けの融資制度、女性およびシニアが起業するための融資制度、飲食店等を開業する人向けの融資制度など（下表）が用意され、創業融資の本命です。詳しくは、日本政策金融公庫のホームページ（http://www.jfc.go.jp/）を参照してください。

ステップ7～資金調達～

【図表 7-3　融資制度の代表例】

| 融資制度名 | 資格者 | 融資限度額 | 融資期間 |
|---|---|---|---|
| 新規開業資金 | 現在の職業と同様の業種で起業する人等 | 7,200 万円 | 5-20 年以内 |
| 女性、若者／シニア起業家支援資金 | 女性、30 歳未満、55 歳以上で一定の人等 | 7,200 万円 | 5-20 年以内 |
| 生活衛生貸付 | 飲食店、理美容業を営む人等 | 7,200 万円 | 13 年以内 |

## （2）民間金融機関（信用保証協会の信用保証付融資）

　創業者が民間金融機関からはじめて融資を受けようとすると、民間金融機関独自（プロパー融資）では融資されないことが多く、民間金融機関から信用保証協会の保証付融資を勧められることが一般的です。保証付融資の仕組みは、図表 7-4 のとおりです。

　信用保証協会は、各都道府県及び一部の政令指定都市等に設置されており、それぞれの拠点において創業支援に関する融資制度を設けています。

## （3）地方公共団体のあっせん融資

　都道府県や市区町村で創業を支援するためのあっせん融資制度を設けている場合がありますので、居住地または事業予定地の行政機関の窓口に問い合わせてください。これら行政機関から融資のあっせんを受けることにより、金融機関や信用保証協会に支払う金利や信用保証料の全部または一部の補給をするなどの行政機関もあります。

## （4）各種補助金・助成金等

　事業計画書を作成することなどにより、創業に必要な資金の一部を国が補助してくれる制度があります。応募期間が限られていることや審査があるため、確実に補助金を獲得できるわけではありませんが、下記中小企業庁のホームページなどの情報をチェックしておくと良いでしょう。

　中小企業庁のホームページ「ミラサポ」（https://www.mirasapo.jp/index.html）

2. 創業者にとっての資金調達窓口〜金融機関からの融資編〜

【図表7-4 信用保証制度のしくみ】

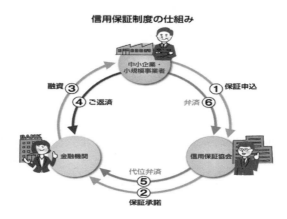

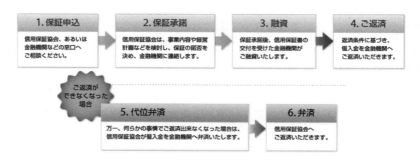

出所：一般社団法人全国信用保証協会連合会のホームページ

ワークブックでチェック！

**Q** 創業者の一般的な資金調達の方法として 3 つの方法があります。下表の空欄を埋めましょう。それぞれの特徴をまとめてみましょう。

| 資金調達の方法 | 概　要 | 特　徴 |
|---|---|---|
| 日本政策金融公庫 | 政府出資 100％の金融機関で、日本各地に支店がある。 | |
| 民間金融機関からの信用保証協会の保証付き融資 | 公的な保証機関である信用保証協会の信用保証を付けて融資を受ける。 | |
| 地方公共団体のあっせん融資 | 地域の産業振興や雇用創出を目的に、上記の民間金融機関融資を活用し、地方自治体が独自に設けた融資制度。 | |

【回答は P236】

# 3. 創業者にとっての資金調達方法〜リース契約編〜

このセクションの **Point**

1. リース契約も資金調達手段のひとつです
2. リース契約は解約することができないものが多いことを理解しましょう
3. リース料の内訳を理解しましょう

　設備や機器などの初期投資資産などについてリース契約により導入することもできることから、リース契約は資金調達の一種であると言えます。注意すべ

きは、これらのリース契約は、リース期間の途中で解約ができないものが多いということです。つまり、リース契約期間の中途で事業を廃止した場合でも、残りのリース期間分のリース料に相当する解約違約金を支払う必要があります。そのような意味では融資を受けることと変わりありません。レンタルのように借りたものを返却すれば契約が終了するわけではありません。

また、金融機関から借り入れができない場合の最後の資金調達手段としてリースを利用する人もいますが、金融機関から借り入れた場合の返済金額よりもリース料の方が高くなるケースも多いため、月々の資金のやりくりの負担が増すことになりますので注意が必要です。

## （1）リース契約のメリット・デメリット

リース契約のメリットとしては、融資と比較した場合に、審査が比較的簡便であるということ、そして、融資の場合にはその加盟者ごとに融資を受けることができる金額に限度がありますが、リース契約はその融資限度額には影響を与えません。つまり、金融機関からの融資限度額とは別枠でリース契約による資産などの導入が可能となるわけです。

また、加盟者の事務・管理面においては、多くの場合、減価償却計算が不要であること、固定資産税や保険料の支払いはリース会社が行うことなど、事務負担が軽いということが挙げられます。

一方、デメリットとしては、自己資金や融資での購入と比較すると割高となる場合が多いこと、通常はリース期間が終了しても自分のものにならないことが挙げられます。

【図表7-5　リースのメリット・デメリット】

| リースのメリット | ・金融機関から融資を受ける場合の融資限度額に影響を与えない<br>・リース契約の審査は、金融機関の融資審査に比べて簡便<br>・事務・管理負担が軽い |
|---|---|
| リースのデメリット | ・自己資金や融資での購入と比較して割高となる場合が多い<br>・通常はリース期間が終了しても自分のものにならない |

## （2）リース料の総額リース料の内訳

　リース料の内訳は以下のとおりです。リース料総額をリース契約期間で月割した金額が月々のリース料金となります。リースを利用する場合には、複数のリース会社から見積もりを取り寄せ、金融機関から融資を受ける場合の金利等と比較検討をしてください。

【リース料の内訳（下記内容をリース契約期間で除した額）】
　リース物件の対価＋リース会社の調達金利＋固定資産税＋動産総合保険＋リース会社の利益

【図表 7-6　金融機関からの融資・リース契約による調達資金先メモ】

　金融機関からの融資やリース契約など、資金調達先ごとに情報収集した内容を記録しておきましょう。

| | 資金調達先 | | | | |
|---|---|---|---|---|---|
| | 日本政策<br>金融公庫 | 金融機関<br>（　　　） | 金融機関<br>（　　　） | リース会社<br>（　　　） | リース会社<br>（　　　） |
| 融資金額 | 円 | 円 | 円 | 円 | 円 |
| 返済期間 | カ月 | カ月 | カ月 | カ月 | カ月 |
| 利率 | ％ | ％ | ％ | ％ | ％ |
| 保証人 | 必要・不要 | 必要・不要 | 必要・不要 | 必要・不要 | 必要・不要 |
| 保証料 | 円 | 円 | 円 | 円 | 円 |
| 担保 | 必要・不要 | 必要・不要 | 必要・不要 | 必要・不要 | 必要・不要 |
| 返済月額 | 円 | 円 | 円 | 円 | 円 |
| メモ<br>（自治体の補助など） | | | | | |

3. 創業者にとっての資金調達方法～リース契約編～

### コラム7 「資金調達」

　幸いなことに、香奈は両親が建てた家に同居していたことから、普通の創業者に比べると多めの自己資金を用意できている。

　S駅近くに見つけた店舗物件の仮契約も終わり、内外装工事や機械設備の見積書も届いた。金額は本部の説明とほぼ同じで、香奈は見積書を見て胸をなでおろした。

　ただ、不動産仲介料、敷金、開業前の準備期間中の家賃は必要になる。その他にも、食器や小物、それに食材の仕入代金なども必要になるだろう。それらを合計しても、なんとか香奈が貯めた自己資金で間に合う額だった。

　とはいえ、最初から利益が出るという保証はどこにもない。当面の生活費は残しておきたいし、何か予期せぬ出費があるかもしれない。山寺さんのアドバイス通り、創業融資の申し込みをすることにした。

　香奈は、国が作った金融機関である日本政策金融公庫から融資を受ける方法と、銀行や信用金庫から信用保証協会の保証を付けて融資を受ける2つの方法があることを知った。

ステップ**8**

# 利益計画・
## 資金計画

## 未来の自分、そして、支えてくれる人との約束をかわすこと

　利益計画・資金計画を作成する意味は大きく2つあります。まず1つ目は、金融機関から融資を受ける際の必要書類であることです。2つ目は、作成した計画どおりに事業が進んでいるか、あるいは、当初の志にブレが生じていないかを定期的に確認するためのものです。

　経営者は常に判断と選択を繰り返す日々を送ることになります。時に迷い、進むべき道を外れそうになることもあります。そのような場面に備えるためにも、事業開始前の自分自身の熱い想いや経営目標を数字や言葉にして、それを書面に落とし込むことは、とても大切なことです。

# 1. 利益計画・資金計画の作成〜解説編〜

このセクションの **Point**

> 1. 利益計画と資金計画を作成する理由とその重要性を理解しましょう
> 2. 利益計画の作成は、詳細な検証を行ったうえでより具体的に作成しましょう
> 3. 開業前の経費計画や資金計画も忘れないこと

## （1）利益計画

　利益計画は、月々の収支をできるだけ具体的に記載します。金融機関に対しても、また、自分自身の意気込みとしても強気の数字を記載したくなるところですが、実現性が高く客観的で根拠がある数字を記載しなければなりません。

　また、収支の数字については、本部から予測値を提示されることもありますが、その提示された金額を鵜呑みにすることなく、自分自身で実際の店舗環境を検証（詳細はステップ6「立地と売上予測」を参照）して、独自で収支計算を行うことが大切です。

## （2）資金計画

　資金計画は、利益計画に融資の返済計画や新たな投資計画など、資金の出入りを記載するもので、資金がいくら必要か、また、資金がいつ不足するのかなどを時系列で知るためのものです。また、金融機関にとっては、融資したお金が返済されるのかを確認することができる表でもありますので、無理なく確実に返済できる資金計画となっている必要があります。

　資金計画表は、利益計画表の「税引後利益」の金額を基礎として作成します。その税引後利益額に手元資金残高と減価償却費の金額を加算します。ここで、減価償却費をプラスの資金とする理由は、減価償却費は資金の支出がない経費だからです。そして、融資の元本返済額を差し引き、新たな融資や増資に

より資金が増加する金額を加算します。

　資金計画表を作成するにあたっては、月単位で作成することになりますが、開店後の資金計画だけでなく、開店前の準備段階においても店舗家賃や人件費などが発生します（詳細はステップ10「開業前準備（人事面）」を参照）し、開店前に融資の返済が開始する場合もありますので、開業前の資金計画ももれなく記載します。また、たとえば利益に対して課される法人税（または所得税）、消費税、その他固定資産税や事業税などは、毎月発生するものではありませんので、いつどのような税金等が発生するのかを知った上で、それらも資金計画に反映させなければなりません。

【図表 8-1　利益計画表・資金計画表を作成のための説明】

| | 内　容 | 説明及び留意事項 |
|---|---|---|
| 1 | 売上高 | ステップ 6-4「売上予測の根拠」を参照 |
| 2 | 売上原価 | 売上に直接要した商品原価や食材原価の金額（在庫金額は含まれないことに注意） |
| 3 | 売上総利益 | 1「売上高」から 2「売上原価」を差し引いた金額 |
| 4 | 正社員給与 | 加盟者自身の給与は含めない。残業が見込まれる場合には残業代も計上する |
| 5 | パート・アルバイト給与 | パート・アルバイトの給与について実際の勤務シフトをイメージして計算する |
| 6 | 法定福利費 | 正社員、パート、アルバイトの健康保険料・厚生年金保険料・雇用保険料・労災保険料加入が必要となるスタッフの要件等を調べて計上する |
| 7 | 旅費交通費 | スタッフの通勤交通費、営業に必要な移動費 |
| 8 | 採用教育費 | スタッフ募集広告、スタッフ研修費用 |
| 9 | 販促・広告費 | チラシ、WEB 広告、本部に支払う広告分担金など |
| 10 | 地代家賃 | 店舗賃料、駐車場なし |
| 11 | リース料 | リース契約のリース料 |
| 12 | ロイヤルティ | 本部に支払う経営指導料、ロイヤルティの計算方法を確認しておくこと |
| 13 | 通信費 | 電話、インターネット、郵送費用など |
| 14 | 保険料 | テナント物件の火災保険、設備等の動産保険、各種賠償保険など必要に応じて加入する |
| 15 | 水道光熱費 | 電気・ガス・水道料金 |

| 16 | 修繕費 | 設備のメンテナンス費用（保守料）、機器等の故障の際の修理代 |
|----|--------|-----------------------------------------------------------|
| 17 | 消耗品費 | 日常衛生品、文具費等 |
| 18 | 減価償却費 | 内装設備など、支出時に一時に経費とならない資産を一定の期間で按分して経費化する |
| 19 | その他費用 | 上記に計上されない費用を予備的に見積もっておくこと |
| 20 | 販売管理費合計 | 4「正社員給与」～19「その他費用」までの合計額 |
| 21 | 営業利益 | 3「売上総利益」から20「販売管理費合計」を差し引いた金額 |
| 22 | 支払利息 | 金融機関に支払う利息（融資の元本返済金額は含まれない） |
| 23 | 税引前利益 | 21「営業利益」から22「支払利息」を差し引いた金額 |
| 24 | 法人税等または所得税 | 23「税引前利益」に法人税率または所得税率を乗じて計算した金額 |
| 25 | 税引後利益 | 23「税引前利益」から24「法人税等」を差し引いた金額 |
| 26 | 資金残高（＋） | 現在ある資金残高を記載 |
| 27 | 減価償却費（＋） | 上記「利益計画表」の18「減価償却費」の金額 |
| 28 | 融資返済元金（－） | 金融機関に返済する元本金額（支払利息は含まない） |
| 29 | 新たな資金調達（＋） | 新たに金融機関などから融資を受けた金額や増資をした金額 |
| 30 | 差引資金残高 | 25+26+27+28+29により計算した金額 |

# 2. 利益計画・資金計画の作成～各種税金の解説～

このセクションの **Point**

> 1. 法人（会社）での経営の場合は、税引前利益に対し法人税等がかかります
> 2. 個人事業での経営の場合は、税引前利益に対して所得税等がかかります
> 3. 法人・個人事業ともに消費税などの税負担があることも忘れないでください

　資金計画表を作成するうえで、利益に課される税金（法人税等または所得税等）の記載を忘れてはいけません。ここでは、あくまでも資金計画表を作成するためにおおよその各種税金の計算方法について解説します。（実際の各種税

金の計算や納税につきましては、税務署や税理士にご確認のうえ、税制改正等の動向にも注意してください）

## （1）法人（会社）の利益に対しては法人税等が課税される

　法人経営の場合には、原則として決算日から2か月以内に法人税を納税しなければなりません。法人税額は会社の利益に対して法人税率を乗じることにより計算します。中小企業の法人税等は、会社の規模や利益金額にもよりますが、利益金額に対して約20〜40％となっています。詳しくは税務署または税理士にご確認ください。

①個人事業主の利益に対しては所得税等が課税される

　個人事業主の事業年度は、1月1日〜12月31日と決まっており、原則として翌年2月16日〜3月15日までの間に確定申告書を提出し、所得税を納税しなければなりません。個人事業主の所得税額は、年間の利益額によって税率が異なりますが、仮に年間800万円の利益であった場合で約120万円となります。

## （2）消費税その他の税金

　法人の場合でも個人事業の場合でも一定の要件を満たす場合には、消費税を納めなければなりません。法人の消費税の納税は、決算日から2か月以内となっており、個人事業主の消費税の納税は、翌年2月16日〜3月31日までとなっています。

　その他の税金としては、厨房機器、備品、設備などにかかる固定資産税のほか、契約書や領収書に貼付する印紙税などがあります。

ステップ8 〜利益計画・資金計画〜

ワークブックでチェック！

図表 8-1 を参考にして、あなた自身の利益・資金計画表を作成してみましょう。

【図表 8-2　利益計画表・資金計画表】

単位：円

| | | 内　容 | 開業前 | 月間平均 | 年　間 |
|---|---|---|---|---|---|
| | | | 金　額 | 金　額 | 金　額 |
| 利益計画欄 | 1 | 売上高 | | | |
| | 2 | 売上原価 | | | |
| | 3 | 売上総利益 | | | |
| | 4 | 正社員給与 | | | |
| | 5 | パート・アルバイト給与 | | | |
| | 6 | 法定福利費 | | | |
| | 7 | 旅費交通費 | | | |
| | 8 | 採用教育費 | | | |
| | 9 | 販促・広告費 | | | |
| | 10 | 地代家賃 | | | |
| | 11 | リース料 | | | |
| | 12 | ロイヤルティ | | | |
| | 13 | 通信費 | | | |
| | 14 | 保険料 | | | |
| | 15 | 水道光熱費 | | | |
| | 16 | 修繕費 | | | |
| | 17 | 消耗品費 | | | |
| | 18 | 減価償却費 | | | |
| | 19 | その他費用 | | | |
| | 20 | 販売管理費合計 | | | |
| | 21 | 営業利益 | | | |
| | 22 | 支払利息 | | | |
| | 23 | 税引前利益 | | | |
| | 24 | 法人税または所得税 | － | － | |
| | 25 | 税引後利益 | | | |
| 資金計画欄 | 26 | 資金残高（＋） | | | |
| | 27 | 減価償却費（＋） | | | |
| | 28 | 融資返済元金（－） | | | |
| | 29 | 新たな資金調達（＋） | | | |
| | 30 | 差引資金残高 | | | |

1. 利益計画・資金計画の作成〜解説編〜

# 3. 投資回収期間の計算

## このセクションの Point

1. 投資回収計算の対象となる初期投資とは何かを把握しましょう
2. 投資回収のモト（原資）となるキャッシュフローについて学びましょう
3. その投資回収期間が妥当であるかを検討しましょう

　投資回収期間の計算とは、初期投資額をどれくらいの期間で回収できるか（モトをとったか）を計算するもので、初期投資額を稼いだ利益額（「キャッシュフロー」といいます。後述します）で割ることにより算出します。

　たとえば、初期投資額が 2,000 万円で、稼いだ利益額（キャッシュフロー）が月額 60 万円（年間 720 万円）の場合には、2,000 万円÷60 万円＝ 33.3 か月（2 年 7 か月）となり、初期投資額を 33 か月で回収した（モトをとった）ことになります。

【投資回収の計算式】

　投資回収期間（年）＝ 初期投資額 ÷ 年間キャッシュフロー
　または、
　投資回収期間（月）＝ 初期投資額 ÷ 月間キャッシュフロー

## （1）初期投資額

　投資回収の計算対象とすべき初期投資額は、本部への加盟金、内装設備代金一式などの初期投資金額となります。なお、本部に支払う保証金やテナントオーナーに支払う敷金（保証金）については、加盟者側にいずれ返金（回収）される性格の資金ですので、投資回収計算のための初期投資額には含めません。

ステップ 8 〜利益計画・資金計画〜

## （2）キャッシュフロー

　投資回収計算の回収原資は、税引後利益に資金の支出がない経費である減価償却費を加算した金額です。前ページの図表8-2における「25　税引後利益」＋「27　減価償却費」となります。

【キャッシュフローの計算式】

　　　　　　　キャッシュフロー ＝ 税引後利益 ＋ 減価償却費

### 【図表8-3　投資回収期間計算シート】

| ①投資回収対象 | 金　　　額 |
|---|---|
| 　加盟金（契約金） | 円 |
| 　店舗設計・デザイン料 | 円 |
| 　店舗内外装費 | 円 |
| 　店舗設備・備品等 | 円 |
| 　開業前研修費等 | 円 |
| 　開業前広告費 | 円 |
| 合　計 | 円 |
| ②上記の内、リース契約対象金 | 円 |
| ③　投資回収対象金額（①－②） | 円 |

投資回収対象金額③　　　　年間（月間）キャッシュフロー金額　　　　投資回収期間

| 円 | ÷ | 円 | ＝ | 年（月） |

3. 投資回収期間の計算

## コラム8 「利益計画・資金計画」

　「いったいどのくらいの資金が必要になるのか、開業後は毎月手元にいくらのお金が残るのか。これらを考える際には、税金や資金繰りという要素がとても大切です」

　公庫へ創業融資の相談に行った際に、担当者は親身にそうアドバイスをしてくれた。

　「資金計画のミスは命取り」と、開業提案書を読み込んだり、自分で収支シミュレーションをしたりすることで、十分抜け目なく考えているつもりでいた。

　けれど、香奈のはじき出した数字には「利益」はあっても「最終的に手元に残る現金」という視点がすっぽりと抜け落ちてしまっていることに気がついた。

　「借入金の返済って、事業で出た利益から返すものなんだ……。それに、事業で利益が出たら、税金を納めなきゃいけないもの……。えっ！こんなに納めるの！？」

　香奈は個人事業主での開業することにしていたので、利益については所得税や住民税などに影響する。所得税・復興特別所得税・住民税の速算表に目を通し、その高さに改めて驚いた。そして、数年後に納めることになる消費税も決して忘れてはいけないポイントだ。

　これまでの会社勤めの生活、計算や手続きはみんな会社にお任せだった。自分は振込額だけ見ていればよかった。

　「事業をするって、こういうことも全部考えなきゃいけないってことなのね……」

　香奈は「事業主」となるということの重みを、改めてかみしめた。

ステップ**9**

# 契約

## 契約締結は悔いが残らないよう注意しましょう

　フランチャイズはその契約期間中、加盟者は契約書の内容に拘束されることになります。契約内容を理解しないで契約を交わし、後々トラブルになる事例もよくあります。ところが、契約書に書かれていることは難解な専門用語が多く、内容を理解することは簡単ではありません。この章では、契約締結の前に本部から提示される法定開示書面の読み方をわかりやすく解説するとともに、フランチャイズ契約のポイントとなる項目を説明しています。フランチャイズ加盟の最終決断をする時、役に立つ内容が満載されています。

# 1. 契約に至るまでの手順

このセクションの **Point**

> 1. 加盟の決断から契約締結までの大まかな流れは以下の通りです
> 2. 契約は店舗物件が決まってから交わすのが原則です
> 3. 契約の前に内金などを払うように求められても、絶対に応じてはいけません

## (1) 契約までのフローチャート

加盟の意思を決めてから店舗オープンまでの流れを説明すると以下の通りになります。フランチャイズでは店舗が確定してから本部とフランチャイズ契約を交わすのが原則です。契約の前に加盟金やその他の費用を支払う必要はありません。

【図表9-1　加盟の意思決定から店舗オープンまでの流れ】

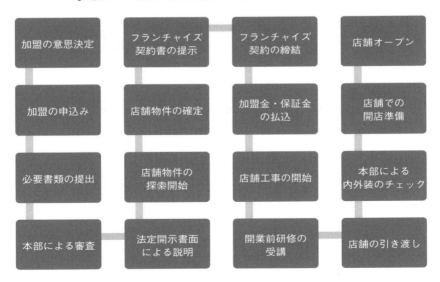

## （2）本部から提出を求められる書類とは

　チェーンによって異なりますが、以下を求められる場合があります。本部は加盟審査のために様々な資料の提出を求めてきます。

【図表 9-2　本部から提出を求められる書類】

| 区分 | | 書類名 | 説　明 |
|---|---|---|---|
| 契約者 | 共通 | 加盟の申込書 | いわゆる加盟申込書です。 |
| | | 履歴書、職務経歴書 | 嘘を書くと解約の理由になりますので要注意です。 |
| | 法人の場合 | 会社謄本 | 発行日は3ヶ月以内が原則です。 |
| | | 印鑑証明 | 発行日は3ヶ月以内が原則です。 |
| | | 残高証明 | 開業に必要な資金が足りているかを確認します。 |
| | | 直近の決算書 | 当然に財務内容をチェックされます。 |
| | | 運営従事者の状況 | 実際にだれが店を運営するのかの確認です。 |
| | | 土地、建物謄本 | 保有する不動産を店として使用する場合は必要です。 |
| | 個人の場合 | 住民票 | 発行日は3ヶ月以内が原則です。 |
| | | 印鑑証明 | 発行日は3ヶ月以内が原則です。 |
| | | 残高証明 | 開業に必要な資金が足りているかを確認します。 |
| | | 納税証明書 | 発行日は3ヶ月以内が原則です。 |
| | | 家族の状況 | チェーンによっては重要な要件になります。 |
| | | 健康診断書 | 健康に問題があると加盟を断られる場合があります。 |
| | | 土地、建物謄本 | 保有する不動産を店として使用する場合は必要です。 |
| 保証人 | 連帯 | 保証人の同意書 | 保証人本人の署名、捺印が必要です。 |
| | | 住民票 | 発行日は3ヶ月以内が原則です。 |
| | | 印鑑証明 | 発行日は3ヶ月以内が原則です。 |

# 2. 契約に先立つ事前説明 Part ①

## このセクションの Point

1. 法定開示書面がなんであるかを理解しましょう
2. 法定開示書面には本部企業の重要情報が満載です
3. 法定開示書面にはこれから交わす契約の主要項目が説明されています

## (1) 法定開示書面

　法定開示書面は、中小小売商業振興法（昭和 48 年９月施行）に基づき、フランチャイズ事業（法律上は特定連鎖化事業と言う）を行う者で、新たに当該事業に加盟しようとする者と契約を締結しようとする時は、あらかじめ定められた事項を記載した書面を交付し、その記載事項について説明をしなければならないとされています。

## (2) 法定開示書面の記載事項

【図表 9-3　法定開示書面の記載事項】

| 開示事項一覧 |
| --- |
| 1. 本部事業者の氏名及び住所、従業員の数（法人の場合は、その名称・住所・従業員の数・役員の役職名及び氏名） |
| 2. 本部事業者の資本の額又は出資の総額及び主要株主の氏名又は名称、他に事業を行っているときは、その種類 |
| 3. 子会社の名称及び事業の種類 |
| 4. 本部事業者の直近３事業年度の貸借対照表及び損益計算書 |
| 5. 特定連鎖化事業の開始の時期 |
| 6. 直近の３事業年度における加盟者の店舗の数の推移 |
| 7. 直近の５事業年度において、フランチャイズ契約に関する訴訟の件数 |
| 8. 営業時間・営業日及び休業日 |
| 9. 本部事業者が加盟者の店舗の周辺の地域に同一又は類似の店舗を営業又は他人に営業させる旨の有無及びその内容 |
| 10. 契約期間中・契約終了後、他の特定連鎖化事業への加盟禁止、類似事業への就業制限その他加盟者が営業禁止又は制限される規定の有無及びその内容 |

2. 契約に先立つ事前説明 Part ①

11. 契約期間中・契約終了後、当該特定連鎖化事業について知り得た情報の開示を禁止又は制限する規定の有無及びその内容
12. 加盟者から定期的に徴収する金銭に関する事項
13. 加盟者から定期的に売上金の全部又は一部を送金させる場合はその時期及び方法
14. 加盟者に対する金銭の貸付け又は貸付の斡旋を行う場合は、それに係る利率又は算定方法及びその他の条件
15. 加盟者との一定期間の取引より生ずる債権債務の相殺によって発生する残額の全部又は一部に対して利率を附する場合は、利息に係る利率又は算定方法その他の条件
16. 加盟者に対する特別義務
17. 契約に違反した場合に生じる金銭の支払いその他義務の内容
18. 加盟に際し徴収する金銭に関する事項
19. 加盟者に対する商品の販売条件に関する事項
20. 経営の指導に関する事項
21. 使用される商標・商号その他の表示
22. 契約の期間並びに契約の更新及び解除に関する事項

## （3）法定開示書面が提示される時期

　法定開示書面の記載事項は本部にとって重要な機密情報に属する内容も含まれています。本部が加盟希望者に法定開示書面を提示するのは、加盟がほぼ確実と判断した時点になります。残念ながら、展示会や事業説明会で法定開示書面の提示を求めても本部は応じてくれないでしょう。

## （4）開示書面の作成を怠った本部に対する罰則規定

　中小小売商業振興法では、主務大臣は法定開示書面の作成を怠った本部に対して勧告することができるとし、また、主務大臣による勧告、勧告に従わないときは企業名公表という規定を設けていますが、これ以外の罰則はありません。

　フランチャイズとは、本部の立場からすると、加盟者の経営資源（ヒト・モノ・カネ）を使って事業規模を拡大することに他なりません。厳しい罰則規定がないからといって情報開示を渋る姿勢は決して許されるものではありません。

## （5）中小小売商業振興法の適用範囲

　中小小売商業振興法が適用される範囲は小売業と飲食業のみです。したがっ

てサービス業フランチャイズは同法が適用されず、法律的にはサービス業フランチャイズの本部は法定開示書面作成の義務はないということになります。ですが、この後に説明する独占禁止法フランチャイズガイドラインでは、本部に対して同様の事項の開示を求めていることから、すべての本部は、契約に先立って契約の主要項目について説明する義務を負っているものと考えていいでしょう。

# 3. 契約に先立つ事前説明 Part ②

このセクションの **Point**

1．独占禁止法も加盟者の立場を擁護してくれています
2．本部のどんな行為が独禁法違反であるか理解しましょう
3．本部が示す売上予測値は、その根拠を確認することが大切です

## （1）独占禁止法フランチャイズガイドライン

　公正取引委員会は独占禁止法違反の未然防止の観点から、加盟店の募集にあたって開示することが望ましい事項についても定めています。

　また、公正取引委員会は「独禁法フランチャイズガイドライン（フランチャイズ・システムに関する考え方）」を公表し、これにより、どのような行為が、「ぎまん的顧客誘引（本部が加盟店の募集にあたり虚偽の若しくは誇大な開示を行うこと等により、競争者の顧客を不当に誘引すること）」や「優越的地位の濫用（本部が加盟店に不当に不利益を与えること等）」といった独占禁止法に定める不公正な取引方法として問題になるかについて、具体的に明らかにしています。ここでは、加盟に際し開示が望ましい事項とぎまん的な顧客勧誘の判断例について説明します。

## （2）開示することが望ましい事項

【図表 9-4　公取委 FC ガイドライン①】

| 内　　容 |
|---|
| 1.　加盟後の商品等の供給条件に関する事項（仕入先の推奨制度等） |
| 2.　加盟者に対する事業活動上の指導の内容、方法、回数、費用負担に関する事項 |
| 3.　加盟に際して徴収する金銭の性質、金額、その返還の有無及び返還条件 |
| 4.　ロイヤルティの額、算定方法、徴収の時期、徴収の方法 |
| 5.　本部と加盟者の間の決済方法の仕組み・条件、本部による加盟者への融資の利率等に関する事項 |
| 6.　事業活動上の損失に対する保証の有無及びその内容並びに経営不振となった場合の本部による経営支援の有無及びその内容 |
| 7.　契約の期間並びに契約の更新、解除及び中途解約の条件・手続きに関する事項 |
| 8.　加盟後、加盟者の店舗の周辺の地域に、同一又はそれに類似した業種を営む店舗を本部が自ら営業すること又は他の加盟者に営業させることができるか否かに関する契約上の条項の有無及びその内容並びにこのような営業が実施される計画の有無及びその内容 |

## （3）ぎまん的顧客誘引の判断基準

　公正取委員会は、加盟者募集に係る本部の取引方法が「ぎまん的顧客誘引」に該当するかどうかは、当該フランチャイズシステムが実際のものよりも著しく優良又は有利であると誤認させ、不当に誘引するものであるかどうかを判断するとしています。具体的には、下記の例をあげ、これらを総合的に勘案して判断するとしています。つまり、本部担当者の過剰な営業トークは「ぎまん的顧客誘引」に該当する可能性があるということです。

【図表 9-5　公取委 FC ガイドライン②】

| ぎまん的顧客誘引に該当するかの判断項目例 |
|---|
| 1.　予想売上・予想収益を開示する場合、その算定根拠又は算定方法が合理的かどうか |
| 2.　ロイヤルティの算定方法に関し、必要な説明を行わず、ロイヤルティが実際よりも低い金額であるかのように開示していないか |
| 3.　客観的でない比較により、他社のフランチャイズシステムに比べて優良又は有利であるかのように開示していないか |
| 4.　中途解約の条件及び違約金について十分開示を行っているか、又はそのような違約金は徴収されないかのような開示をしていないか |

## （4）本部が売上予測をしてきた場合、どう対応するか

　加盟希望者が加盟するかどうかを判断するとき、とても重要な情報になるのが本部の提示する売上予測値です。独占禁止法フランチャイズガイドラインでは、本部が売上予測値を出し、その根拠や算定方法が合理的でない場合、ぎまん的顧客誘引に該当する可能性があるとしています。ぎまん的顧客誘引とは、加盟希望者を欺いて加盟させようとする行為で、不公正な取引方法に該当し、つまり独占禁止法に違反することになります。

　本部から売上予測値が示された場合、本部の担当者に売上予測値の根拠と計算方法について説明を求めてください。説明に納得できないときは加盟すること自体を再検討してもいいかもしれません。

## ワークブックでチェック！

---

**Q1　次の質問に対し正しい答えを選びましょう。**

---

1. 加盟の申込みをしたところ、本部から内金を入れるよう求められました。どうしたらいいでしょうか？

　　〈①領収証を受け取る　　②応じない　③返してくれるなら払っていい〉

2. 契約はどのタイミングで行うのでしょうか？

　　〈①加盟申込み直後　　②法定開示書面の提示後　　③店舗物件確定後〉

---

**Q2　次のうち、正しい記述はどれでしょう。**

---

1. 法定開示書面は形式上の手続きであり、重視する必要はない
2. 本部は加盟希望者に法定開示書面を提示しないと、資格停止処分となる
3. 信頼できる本部であれば、法定開示書面のチェックは不要だ
4. 法定開示書面には本部の重要情報が満載された超大切な資料だ

> **Q3** 本部が示した売上予測値より実際の売上が大きく下回った時、本部に損害賠償を求めることができるでしょうか。正しいのはどれでしょう。

1．売上予測を間違ったのは本部の責任だから、当然できる
2．そもそも売上予測は当たらないことが多いので、できない
3．「予測であり参考資料だから保証はしない」と書いてあれば、できない
4．本部が不合理なデータに基づいた予測をした場合は、損害賠償を請求することが可能な場合がある

> **Q4** これまで本書に従い、様々な情報を収集し最終的に加盟するチェーンを決め、加盟の申込みもしました。ところが、この段階で本部から提示された法定開示書面によると予想外の事実が判明し、本部を信頼することができなくなりました。加盟申込みを取り消したいのですが可能でしょうか。次のうち、正しい記述はどれでしょう。

1．フランチャイズ契約はクーリングオフができないので加盟取消はできない
2．本部に対して違約金を支払えば加盟取消は可能である
3．裁判所に調停を依頼すれば加盟取消ができる場合がある
4．加盟申込みを取消すことができる
　　【回答は P236】


# 4. 事前説明事項の重要チェック項目 Part ①

このセクションの **Point**

> 1．法定開示書面を提示しない本部は情報開示する姿勢がない本部です
> 2．本部が法定開示書面を提示するのは、加盟が確実と判断した点です
> 3．加盟者店舗数の推移は本部の優劣を測る大切なデータです

## （1）法定開示書面を提示しない・重要項目の欠落

　本部の中には、法定開示書面を用意していなかったり、あるいは決算内容などの重要項目を除外したりして開示する場合があります。こうした行為は本部に求められる情報を開示するという姿勢がないということの現れです。問題があるチェーンと判断して加盟の候補先から除外すべきかもしれません。

## （2）役員の氏名・役職（法定開示書面１）　※ 括弧内の数字は図表 9-3 内の番号

　特に成長過程のフランチャイズへの加盟を検討している場合、どのような人物が役員に名を連ねているかは必ずチェックしましょう。フランチャイズ業界では、詐欺まがいの行為で加盟店を集めて甘い汁を吸い、その後別のフランチャイズを立ち上げて同じやり方で一儲けを企むというようなことがよくあります。情報化社会の現代では、ネットで調べるだけでかなりの情報が収集できるはずです。

## （3）主要株主の氏名又は名称（法定開示書面２）

　前項と同じ理由で、主要株主をチェックしてください。株主が法人の場合は、その法人の主要役員個人について情報収集をしてください。

## （4）直近３事業年度の貸借対照表及び損益計算書（法定開示書面４）

　本部が倒産することは珍しいことではありません。これから加盟しようとする本部の財務状況を知ることは極めて大切です。仮に、加盟している本部が倒産すると、保証金や加盟金が戻ってこないばかりか、ブランド価値が失墜し本部からのサポートも受けられません。こうした意味から財務の安全性を確認することが特に大切で、他にも成長性、効率性なども要チェックです。ただ、一般の方は財務諸表を見て評価を下すことは難しいので、知り合いの税理士さんに見てもらうあるいは、商工会議所や商工会の無料相談を利用して専門家にチェックしてもらうといいでしょう。

## （5）直近の３事業年度の加盟者の店舗数の推移（法定開示書面６）

　加盟者の店舗数の推移をチェックするだけで、当該チェーンの優劣のおおよそ見当がつきます。この部分は、①各事業年度末の加盟者の店舗の数、②各事業年度内の加盟した新規出店数、③各事業年度内に契約解除された店舗数、④各事業年度内に契約更新された店舗数、⑤各事業年度内に更新されなかった店舗数、の５つの項目で構成されます。

　店舗数の合計が増えているチェーンは活力があるチェーンといえるでしょう。一方、店舗数が減っているチェーンは何らかの問題があるはずです。

　同様に、新規出店数が多いチェーンは評価できるでしょう、ただ、契約解除件数が多い場合は要注意です。契約解除に至る理由は、加盟店の営業が赤字で店を閉めたというケースが大半です。

　契約を更新するのは、契約期間中、加盟者がこのチェーンに属していることに満足しているため、更新をしたものと考えられます。反対に契約を更新しなかった理由は、このチェーンに加盟していることに満足していなかったため、契約期間の満了をもって撤退したということです。したがって、契約更新をした加盟者の割合が多いチェーンはよいチェーンで、反対に契約を更新しなかった加盟者が多いチェーンは問題があるとも考えられます。

### ワークブックでチェック！ 👉

> 以下の項目について、確認した項目には✓を入れましょう。

- ☐　本部から法定開示書面で契約概要などについて説明を受けましたか？
- ☐　法定開示書面に欠落した項目はありませんでしたか？
- ☐　役員や株主に怪しげな人物や会社が名を連ねていませんか？
- ☐　本部の財務諸表の安全性に問題はありませんか？
- ☐　店舗数は増加していますか？
- ☐　契約解除の件数はチェックしましたか？
- ☐　契約の満了時の更新が非更新を大きく上回っていますか？

ステップ９ 〜契約〜

# 5. 事前説明事項の重要チェック項目 Part ②

このセクションの **Point**

> 1. 一般論ですが、宅配ビジネス以外ではテリトリー権は保証されません
> 2. フランチャイズでは、一定期間、加盟者が同種の事業を行うことはできません
> 3. 赤字続きで店を閉める時でも、本部から違約金を請求されることがあります

## (1) 直近5事業年度の訴訟件数（法定開示書面7）

この項目は、本部が加盟者又は元加盟者を訴えた件数と加盟者又は元加盟者が本部を訴えた件数になります。本部と加盟店との相互の信頼関係を判断するための材料となるでしょう。訴訟件数がある場合でも、単に件数だけで判断するのではなく、訴訟の内容についてチェックすることが大切です。中には、本部がチェーンのブランドイメージを守るために不誠実な加盟店に対して訴訟を起こしているような場合もあります。

## (2) テリトリー権（法定開示書面9）

テリトリー権とは、加盟店が特定の地域で、独占的・排他的に出店できる権利を言います。加盟店にテリトリー権が認められていると、予め特定された地域に本部が直営店を出店したり、別の加盟店が店を出したりして、売上が減少するという事態を避けることができます。しかし、一般的には、宅配以外のフランチャイズではテリトリー権が認められない場合が多いでしょう。テリトリー権が認められていない場合、本部の直営店を含めてあなたが出店を予定している地域での出店計画がどうなっているのか確認しましょう。

## (3) 競業禁止（法定開示書面10）

競業禁止とは、契約中、もしくは終了後も一定期間、加盟店は類似の事業を

行ってはならないとする規定です。フランチャイズ契約ではほぼ例外なく競業禁止（避止）義務規定が盛り込まれます。ポイントなるのは、①具体的にどのような事業をやったら競業禁止に該当するのか、②競業禁止義務が及ぶ地域はどこなのか、③期間はいつまでか、④誰が類似業種の事業を行うと違反になるのか、です。

①については、具体的な業種規定（たとえば居酒屋は可で焼き鳥屋は不可など）を確認しておくことが大切です。③については極端に長い（3年を超えるような）場合、「優越的地位の濫用」とみなされ無効ということも考えられます。

## （4）加盟者から定期的に徴収する金銭に関する事項（法定開示書面12）

特に重要なのは、ロイヤルティの計算方法です。フランチャイズチェーン（特にコンビニチェーン）の中には複雑な計算方法でロイヤルティを算出することがあります。必ず、ロイヤルティの計算方法を確認し、納得したうえで加盟の手続きをするように心がけてください。

次いで、加盟者がロイヤルティとして支払うお金の性質です。つまり、何のために支払うかということです。一般には、本部からの経営指導の対価などとなっていますが、性質がわからないとロイヤルティが妥当な金額かどうかの判断ができません。

最後に、ロイヤルティ以外に定期的に支払わなくてはならない費用がないかを確認してください。代表的なのがシステム使用料や共通広告宣伝費などです。単にロイヤルティが高いか安いかではなく他の費用も含めてトータルで考えることが大切です。

## （5）契約に違反した場合の違約金（法定開示書面17）

これからフランチャイズ加盟をしようとする方は、契約解除に関する規定に無関心かと思います。ですが、一定の割合で契約解除はあるわけで、無視することができない重要なポイントです。特に違約金の額については必ずチェックをしてください。加盟者が契約期間中に店を閉めることは契約違反に該当し、

本部から違約金を請求されることがあります。赤字続きですぐにでも廃業したいのに、違約金を払えないために店の営業を続けざるを得ないといった悲惨な事例もありました。違約金の金額については必ず確認をしてください。

ワークブックでチェック！

> Q　加盟契約を交わす前に、法定開示書面を熟読するとともに、確認のために下記の空欄を埋めてください。

１．本部が加盟店から起こされた訴訟が ① 件ある。

２．テリトリー権は認められますか？ ② はい　　いいえ

３．契約終了後、 ③ 年間は類似事業を行うことができない。

４．具体的に、 ④ をやると、競業禁止違反になる。

５．加盟店が契約を解除したときの違約金は、 ⑤ 万円である。

# 6. 事前説明事項の重要チェック項目 Part ③

このセクションの **Point**

> １．加盟時に徴収されるのは加盟金だけとは限りません
>
> ２．研修費、開業支援費なども含めてトータルで考えることが大切です
>
> ３．本部がどのような経営指導をしてくれるのか必ず確認しましょう

## （1）加盟に際し徴収する金銭に関する事項（法定開示書面 18）

　まず加盟金ですが、その性質について確認してください。また、フランチャイズ契約は加盟者が出店する店舗物件が確定してから締結するのが基本ですが、例外的に店舗物件が確定する前に契約を交わすということもあります。こ

の場合は、適当な店舗物件が見つからなかったときに、支払った加盟金の返還も含め、本部がどんな対応（エリア替え、出店までの期間延長など）をしてくれるかを確認してください。

　次に、保証金ですが、ほとんどのフランチャイズ契約では、加盟者が本部に保証金を預託するという規定が盛り込まれています。ただ、保証金の性質が本部から加盟者に供給する商材代金の担保という場合もありますし、本契約に基づく一切の債務の担保という場合もあります。前者の場合ですと、保証金から違約金を相殺されることはありませんが、後者ですと違約金を相殺されることになります。保証金の性質については、しっかりと確認してください。

　最後は、加盟者が加盟金と保証金以外に本部に対して支払わなければならないものがあるかです。加盟者が、開業前研修費用、店舗の設計料、開業時の本部スタッフの派遣料などを別途支払わなければならないというケースも珍しくありません。単に加盟金の金額が高いかどうかではなく、トータルで考えることが大切です。

## （2）経営の指導に関する事項（法定開示書面20）

　まずは開業前研修です。期間、参加人数、実施場所、研修内容、費用、宿泊交通費の負担などについて確認してください。フランチャイズの場合、加盟者は開業前研修で必要なノウハウを習得しなければならないため、充実した内容が求められます。

　次に、開業時の支援内容です。加盟者にとって、開店日前後は本部のサポートはなくてはならないサービスです。日数と時間、派遣される人数、派遣費用、宿泊交通費の負担、追加派遣を依頼したときの金額などについて確認してください。

　最後は、開業後の経営指導です。本部が指導員を派遣する場合でしたら、頻度（月に何回？）、だれが、内容、費用、宿泊交通費の負担について確認が必要です。本部が研修会を開催する場合でも、頻度（年に何回？）、内容、費用、宿泊交通費の負担について確認してください。最近は、テレビ電話などによる

ステップ9 〜契約〜

指導員の派遣や研修の開催以外の方法で経営指導する場合も増えていますので、この場合はその方法、内容、頻度を確かめてください。

## （3）契約期間並びに更新及び解除に関する事項（法定開示書面22）

契約期間が満了した後の更新条件については確認が必要です。フランチャイズ契約では、一般的には更新料の支払いを求められませんが、例外的に更新料を請求される場合があります。

また、どのような場合に加盟店が契約を解除できるか、反対にどのような場合に本部が一方的に契約を解除できるかについても確認が必要です。

### ワークブックでチェック！

Q1　加盟金の対価（目的）を書き出してみましょう。

Q2　開業前研修の日数、内容を書き出してみましょう。

Q3　開店時の本部のサポート内容を書き出してみましょう。

Q4　本部の指導員はどの程度の頻度で店を訪問して指導してくれますか？

Q5　本部の指導員は具体的に何を指導してくれますか？

# 7. 契約に至るまでの注意点

## このセクションの Point

1．本部担当者との交渉は口約束ではなく、必ず書面に残すようにしましょう
2．本部企業の重要な仕事は加盟契約を交わし加盟金やロイヤルティを得ることです
3．契約書は納得がいくまで読み込みましょう

## （1）必ず手順を守ろう

　フランチャイズ加盟は加盟者の一生を左右するといってもいいほど重要な意味を持ちます。フランチャイズで失敗すると、あなたに残るのは借金だけということにもなりかねません。残った借金は、自己破産をしない限り一生あなたについて回ります。

　本部が開催する加盟説明会に参加し、本部の社長の言葉に感動しその場で仮契約書にサインしてしまったなどという例もあります。こうした一時の感情におもねるようなフランチャイズ加盟は、間違いなく失敗リスクが高まります。必ず、本ワークブックに示す手順を守るよう心掛けてください（図表9-1参照）。

## （2）本部の本性を知ろう

　本部の「売上」は加盟者が払う加盟金やロイヤルティがこれに該当します。つまり、加盟契約を獲得することで本部の経営が維持されているという側面が

ステップ9 〜契約〜

あるのです。本部は営利企業であり、あなたに尽くしてくれるボランティア団体ではないということを理解しましょう。

　また、本部の中には成功して株式を上場するに至るほどの企業もたくさんあります。ところが、本部の経営が安定するのは一定規模に至ってからで、初期段階の本部の中には経営状態が厳しい企業も散見されます。こうしたチェーンがあなたとの契約を獲得できれば、加盟金や研修費などが懐に入ります。預かった保証金は運転資金として使えます。あるいは、指定業者から建設費や厨房設備の導入に関してバックマージンが入るかもしれません。初期段階のフランチャイズ本部にとって1件の契約が喉から手が出るほど欲しいものなのです。

## （3）本部担当者は営業マンとの認識を

　多くのフランチャイズチェーンでは、加盟希望者を募り契約に至るまでの過程を専門的に担当する部署（加盟店開発）を設けています。加盟店開発の担当者が会社から評価されるのは、加盟契約を何件獲得したかということになるでしょう。つまり、彼らは営業マンであるということを認識してください。したがって、彼らはついつい営業トークが過ぎてしまうようになりがちです。その結果、あとになって「言った」、「言わない」でもめることがあります。

　こうしたトラブルに合わないためには、まず、本部の開発担当者は営業マンだという認識で対応することです。あなたに対して有利な条件を提示するような場合は、口約束ではなく、必ず書面に残すようにすることが大切です。

　また、本部が加盟店開発を加盟店開発代行会社にアウトソーシングする場合があります。加盟店開発代行会社は契約が獲得できないと報酬が得られないためかなり強引な手法を用いることもあります。加盟店開発代行会社を経由してフランチャイズ加盟した場合、一般論ですが、後々トラブルになるというケースが多いので要注意です。

## （4）お金を払うのは契約締結の後

　本部の開発担当者と話を進め、あなたが加盟の意思表示をすると、手付金や

7. 契約に至るまでの注意点

加盟申込金などの名目で一定金額を入金して欲しいと言ってくることがあります。この場合、前払いした金額は、全額を加盟金の一部に充当するので損はない、加盟をやめるのなら返すなどの説明をします。こうしたことを求めてくるのは、本部があなたの心変わりの可能性を考えて、加盟をやめるといいにくい状況を作りたいからです。「加盟をやめるのなら返す」などと言いながら、なかなか返そうとしないという例が多いようです。加盟契約を締結する前は、金銭の支払には決して応じないようにしましょう。

## （5）契約の前提は店舗物件が確定した後

　フランチャイズ契約は出店する店舗が確定してからというのが原則です。店舗が確定する前だと、店舗の取得費用、内外装工事代金が未定なため、投資する総額も確定しません。金融機関から融資を受ける場合でも、店舗物件が決まらないと融資審査の対象にならないということもあります。

　また、エリアエントリー契約と言って、一定のエリアに出店する権利を売るという内容の契約タイプもありますが、後々トラブルになるケースが多いので注意が必要です。

## （6）事前の契約書の読み込み

　フランチャイズ契約書の主要部分については法定開示書面によって説明を受けているとしても、フランチャイズ契約書には他にも重要な項目は多数含まれています。契約書を理解することが大切です。ところが、フランチャイズ契約書は数万字に及ぶ場合もあり、また、難解な専門用語も数多く含まれています。契約書の内容を理解することは簡単ではありません。

　フランチャイズ契約を交わす際には、必ず事前に契約書を受け取り、しっかりと読み込むことが大切です。内容に理解できない点があるときは遠慮なく本部の担当者に質問してください。場合によっては、法律の専門家に見てもらいセカンドオピニオンを求めることもいいでしょう。

ワークブックでチェック！👉

Q 空欄を埋め、店舗オープンまでの過程を完成させましょう。

| | |
|---|---|
| 1）加盟の意思決定 | 9） |
| 2）加盟の申込み | 10）加盟金・保証金の払込 |
| 3）必要書類の提出思決定 | 11）店舗工事の開始 |
| 4）本部による審査 | 12） |
| 5） | 13）店舗の引き渡し |
| 6）店舗物件の探索開始 | 14）本部による店のチェック |
| 7）店舗物件の確定 | 15）店舗での開店準備 |
| 8） | 16）店舗オープン |

【回答は P236】

# 8. フランチャイズ契約の特徴とその理解

このセクションの **Point**

1．フランチャイズ契約ではクーリングオフは認められません
2．フランチャイズでは店を誰かに譲渡することはできないと考えてください
3．契約期間内に店を閉めると、本部から違約金を請求されることがあります

## （1）契約内容は画一的

フランチャイズ契約は、本部がたくさんの加盟者とほぼ同じ内容の契約書を

使って契約を締結します。仮に、あなたが特定の部分を修正して欲しいと要求しても、本部は受け入れてはくれないでしょう。理由は、加盟者と交わす契約の内容が加盟者ごとに異なるような場合、管理が面倒になるからです。契約内容の変更を求めることは難しいと理解してください。

## （2）クーリングオフ

クーリングオフとは、消費者が訪問販売などの不意打ち的な取引で契約したり、マルチ商法などの複雑でリスクが高い取引で契約したりした場合に、契約を交わして一定期間内であれば無条件で、一方的に契約を解除できる制度です。ところが、フランチャイズ契約は事業者対事業者の契約であるため、クーリングオフは適用されません。したがって、安易な気持ちで契約書にサインするなどの軽率な行為は厳に慎まなければなりません。

## （3）損失に対する保証

フランチャイズ契約を交わして営業を開始したものの本部が提示した売上に達せず、赤字状態になるということはしばしばあります。こうしたケースで、加盟店が本部に対して損失の保証や損害賠償を求めることができるかですが、現実問題としてはかなり難しいと考えられます。理由としては、加盟店の店舗の経営責任は加盟店自身にあるからです。ただ、本部が提示した売上予測値の根拠に著しい問題があるような場合、訴訟によって一定の損害賠償金を支払わせることはできるかもしれません。この場合でも、過失相殺が適用され、実際の損害額より減額されることが一般的です。

## （4）フランチャイズ契約と独禁法の優越的地位の濫用の関係

フランチャイズはすべての店舗で同じ品質、同じサービス、同じ店舗仕様が基本です。そのため、本部が取引先を指定業者に限定することは珍しいことではありません。一方、公正取引委員会は、フランチャイズシステムの営業を的確に実施する限度を超えて行う行為について優越的地位の濫用に該当する可能

性を示しています。

　仮にその内容がフランチャイズ契約書に記載されていて、加盟者が同意して契約を締結した場合でも、独占禁止法の優越的地位の濫用に該当する可能性があることは変わりません。

## （5）条件の具備

　フランチャイズ契約では、「条件の具備」という条項が盛り込まれていることが一般的です。ここでいう「条件」とは、本部が定めた店舗施設の内外装、機械設備の性能などを指し、「具備」とは十分に備えているという意味です。したがって、契約期間中に、加盟店の店舗が老朽化して本部が指定した基準に合致しなくなったような場合、加盟店は自分の費用負担で店舗施設の改修や機械設備の入れ替えをしなければならないということになります。加盟店が改善を怠った場合、本部が契約違反を理由に一方的に契約を解除したり、契約期間満了の際に契約更新を拒否したりすることもあります。

## （6）地位の譲渡

　加盟店が契約を解除して廃業しようと考える理由として、経営不振、健康上の問題、事業に対する情熱の喪失、事業方針の変更などが考えられます。こうしたケースで、加盟店が第三者にその地位を譲渡することができれば、店舗の現状回復義務を回避できるだけでなく、残存価値に応じて固定資産として売却して一定金額を得ることができるかもしれません。

　ところが、一般的に、フランチャイズ契約では本部の承諾がない限り加盟店が地位の譲渡をすることを認めません。ただ、加盟店の店舗の業績が好調で加盟店と本部との関係が良好な場合は、地位の譲渡が認められるケースもあるようです。たとえば、本部が直営店舗として引き継いだり、当該チェーンの別の加盟店にあっせんしたりするということはあるでしょう。

## （7）加盟者による契約解除

　フランチャイズ契約は簡単には解約できません。たとえ、業績不振で店を閉める場合でも、本部から違約金を請求されることがあります。

**ワークブックでチェック！** 👉

> **Q1**　売上が不振で閉店しようと思います。本部はどのように対応するでしょうか。次のうち、正しい記述はどれでしょう。

1. 売上不振は本部の責任でもあるので、加盟金を返却してくれる
2. 店舗を本部が買い取り、譲渡代金を払ってくれる
3. 本部が得られるはずだったロイヤルティなどの収入を補填するため、違約金を請求してくることがある

> **Q2**　友人に営業権を譲り、現役を引退しようと思います。次のうち、正しい記述はどれでしょう。

1. フランチャイズ契約では営業権の譲渡は認められないのが一般的なので、諦める
2. 本部に名義変更料を支払えば譲渡できる。
3. 消費生活センターに仲介してもらい、譲渡契約を締結する

　【回答は P236】

## コラム **9** 「契約」

そして加盟契約の日。連帯保証人になってくれる父と一緒に本部に向かう。

事前に預かったフランチャイズ契約書は家族総出で熟読し、わからない点や疑問に感じた点は本部に都度連絡し、説明を受けている。契約内容の理解には、早い段階で渡された「法定開示書面」が助けになった。

しつこいほどの確認は済んでいるので、今日は最終の読み合わせと契約手続で終わるはずだ。

「本当に良いんだな。後悔しないな。今の会社に迷惑はかけてないな」

「うん。これ以上ないくらい考え抜いた。会社の人たちも応援してくれている。開業のリスクも理解した上で、それでもこのお店をやりたいと思えたの。とはいえ、もしかしたらお父さんに迷惑がかかることが出るかもしれない、その時は……」

言い終わるのを待たずに、父は私の背中をポンと叩いて、私の一歩先を歩き始めた。

和やかな雰囲気で加盟契約は終わった。手続きが終わって雑談をしているときに「実は加盟を希望されても、7割はお断りしている状態なのですよ」と山寺さんが打ち明けてくれた。「確かに本部も選ぶ権利がありますからね」と頷きつつ、選ばれたことを誇りに感じた。

ステップ10

# 開業前準備
## （人事面）

## 加盟先の選定時点からスタッフの採用と育成を考えよう！

　フランチャイズビジネスの多くは専門知識や技術を持っていない人でも運営できるように、日常的に行う業務はシステム化されているのが一般的です。

　そのため、労働力の多くをパート・アルバイト（以下：スタッフ）など非正規労働者に頼っており、フランチャイズビジネスで成功できるかどうかはスタッフの採用・育成・戦力化にかかっていると言っても過言ではありません。

　しかし、フランチャイズビジネスを始める際にスタッフの採用や育成まで考え、計画を立て、加盟している人は少ないのが現状です。

　そこでこのステップでは、フランチャイズチェーンの選定段階から開業までの間に、スタッフの採用・育成・戦力化について知っておきたい、理解しておきたいポイントと具体的な準備策について解説をします。

# 1. スタッフの採用・育成・戦力化がいかに重要かを理解する

## このセクションの Point

1. 今後、少子高齢化が進み、スタッフ採用が難しくなることを再確認しましょう
2. 加盟者自身のマネジメント時間の創出がいかに大切かを理解しましょう
3. 「働いてみたい店」＝「採用に困らない店」作りを目指しましょう

## (1) スタッフの不足感と今後の見通し

　いま、フランチャイズビジネスの現場では、必要な人員が採用できず事業所（以下：店）の展開が計画通り進まなかったり、時給の高騰により経費負担が増えて利益を圧迫したりするなど、人手不足問題が経営上の大きな課題となっています。

　原因として考えられるのが生産年齢人口（15〜64歳の人口）の減少です。日本の生産年齢人口は1995年をピークに減少しており、全人口に占める比率は1995年の69.5％から2013年の62.1％に低下しています。また、労働力人口（15歳以上人口×労働参加率）も1998年の6793万人をピークに減少し、2013年には6577万人になっています。

　しかし、2013年の前半ぐらいまでは「採用に困っている」という声はあまり聞こえてきませんでした。なぜなら、労働力の減少以上に企業の経済情勢面を背景にした「労働力需要」が少なかったからです。ところが、景気の回復と同時に出店や売上増に伴う労働力需要が拡大したため、人口面からの労働力不足問題が一気に表面化したと考えられます。

　今後、少子高齢化が続くことを考えると、労働力不足問題への対応がフランチャイズビジネスの成否を左右する課題になることは間違いないでしょう。

## （2）マネジメント時間の創出が「定着化」「戦力化」のポイント

　スタッフの「戦力化」に欠かせないのが「定着化」です。良い人材を採用しても短期間で退職されてしまっては、運営上の戦力として育てることができません。

　そこで、成功している加盟者の多くはスタッフの採用と同時に定着化にも力を入れています。そして、自分がワークシフトに入る時間を極力減らし、マネジメント（管理）する時間を確保しています。

　次に、確保したマネジメント時間の多くをスタッフ育成に活用しています。また、勉強会を定期的に開催してスタッフ同士で学ぶ場を設けたり、ミーティングを開催したりするなど個々人の能力アップにとどまらず、店全体のチームワーク作りにも力を入れています。

　さらに、向上心の高い加盟者は確保した時間を活用して自己啓発などにも努めています。このような店ではスタッフの「働く満足度」がアップします。なぜなら、他のスタッフとの関りの中で自分自身の存在価値や成長を確認することができるからです。また、スタッフが定着して戦力化できれば、少ない人員でも運営が可能になり、人時売上高（総売上高÷総労働人時）の高い店ができます。

　さらに、スタッフはお客様に対して笑顔でハキハキと応対すると同時にテキパキと動くようになるため、店全体に活気が生まれ、顧客満足度もアップします。結果として、来店頻度と客単価が向上し、財務的に"筋肉質"となり利益が出やすい店が生まれます。

　利益が出れば、時給をアップさせたり福利厚生を充実させたりと、スタッフの働きぶりに対してより良い待遇で報いることができます。このような待遇はスタッフの「口コミ」で家族や友人、さらには近隣住民へと広がります。また、買い物をした時のスタッフに対する印象から、

　「このような店で働いてみたい」

　「子供にアルバイトをさせるなら、このような店でさせたい」

　と利用者から職場を好意的に捉えてもらうことができるため、店頭ポスターだけでもスタッフの採用が可能な店になるのです。

**【図表 10-1　スタッフ「定着化」〜「戦力化」のフローチャート】**

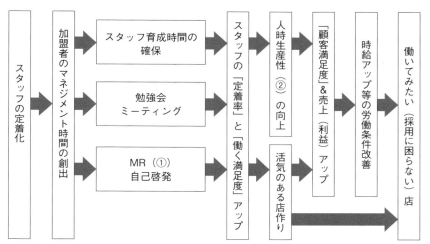

注1：MR=マーケット・リサーチ（市場調査、商圏調査）、注2：人時生産性＝売上総利益÷総労働人時

## ワークブックでチェック！

Q　スタッフを定着させるために必要なことをまとめてみましょう

1. スタッフの採用・育成・戦力化がいかに重要かを理解する

# 2. 開業に必要なスタッフ人員の把握

このセクションの **Point**

1. 必要なスタッフは業種ごとに大きくことなることを理解しましょう
2. 加盟者自身の運営に対する関わり方を明確にしておきましょう
3. 加盟を検討しているチェーン（業種）のスタッフ必要人員数を把握しましょう

## （1）フランチャイズの業種（規模）ごとに異なる必要人員数

　フランチャイズビジネスの運営にはスタッフの活用が必要だと言っても、その必要人員数は業種や事業所規模により異なります（図表10-2）。そこで、加盟業種を選択する前の段階で運営に必要なスタッフ人員数を理解しておくことが必要になります。

【図表10-2　業種ごとの必要人員数の目安（事例）】

| 業　種 | 必要人員数 | 注　意　点 |
|---|---|---|
| コンビニエンスストア | 15〜20人 | 24時間年中無休が基本、売上規模に関わらず人員が必要 |
| 居酒屋 | 10〜20人 | 営業日と時間、座席数、注文方式によって異なる |
| 学習塾 | 10〜15人 | 教室数、クラス数、生徒数、指導スタイルによって異なる |
| ラーメン店 | 5〜10人 | 営業日と時間、座席数によって異なる |
| アイスクリーム<br>クレープ、たこ焼き | 5〜10人 | 営業日と時間、座席数によって異なる、持ち帰り専門であれば2〜5人程度の人員でも可 |
| 清掃・弁当宅配 | 2〜3人 | 店舗を持たないサービスであれば配偶者や家族のみでも可 |

## （2）加盟者自身の運営に対する関わり方と家族の協力体制を確認

　スタッフの必要人員数を考える時に、事前確認として必要なのが加盟者自身の運営に対する関わり方です。つまり、加盟者自身も店舗運営業務を行うので

ステップ10 〜開業前準備（人事面）〜

あれば、その分の人員は計算上必要ありません。また、配偶者や子供など家族が従事してくれる場合も同様です。

しかし、開業前にスタッフのトレーニングを行ったとしても、開業当初は業務に不慣れな部分が多いものです。また、想定していた客数（利用者）や販売ピークの時間帯と開業後の実情が異なり、スタッフ不足からサービスや接客レベルが低下することもあります。

このような状態を開店当初に作ってしまうと顧客の信頼を失い、その後の売上が伸び悩み事業計画に狂いが生じます。このような状態にしないためにも、開業当初は加盟者自身が運営業務にシフト入りしなくても良い人員を確保しておくことが必要です。

なお、開業してしばらくすると、スタッフの一部は仕事内容やシフトに対する不満などの理由から退職します。また、加盟者から見て、仕事そのものや運営方針に向いているスタッフと向いてないスタッフが明確になり、入れ替えが必要になるため、開店当初は少し余裕を持たせた人員を確保しておいてください。

## （3）自身の適性を見極め業種選定の判断基準にする

チェーンを選定する際、自己分析の重要性をステップ１で強調しました。ここで判断基準として加えてほしいのが、「加盟者自身がスタッフとコミュニケーションを円滑に取ったり、仕事を任せたりできるタイプか」、「スタッフを育てることに対して価値を置くことができるかタイプか」という基準です。

もし、自分はできない、向いていないと思うのであれば、スタッフの必要人員数の少ない業種または自分自身や家族だけで運営できる業種の選択をお勧めします。しかし、配偶者などの家族が業務に従事し、その家族に任せることのできる、人を育てることのできる場合には多くのスタッフが必要になる業種でも問題はありません。

ワークブックでチェック！

・加盟を検討しているチェーン名をリストアップしてください。ただし、売場面積、席数、教室数などによって同チェーン（同業種）でも異なる場合もあります。
・「必要人員数」は加盟希望者説明会などで本部担当者に質問をして聞き出します。

| チェーン名 | 業種 | 規模 | 必要人員数 | 内訳（人員数） | | |
|---|---|---|---|---|---|---|
| | | | | 社員 | パート | アルバイト |
| | | | | | | |
| | | | | | | |
| | | | | | | |
| | | | | | | |
| | | | | | | |
| | | | | | | |

# 3. 必要なスタッフ人員を確保するための費用計画

このセクションの **Point**

1. 採用と育成（トレーニング）に必要な費用を事前に把握しておきましょう
2. 出店地域の同業種や競合する業種の時給相場をチェックしましょう
3. 募集媒体ごとに異なる費用とその違いを理解しておきましょう

## （1）時給相場の確認

　スタッフの募集を出すにあたって最も大切なのが「時給の設定」です。開業を予定している地域の最低賃金業界相場、開業立地が決まっている場合には周辺の同業者だけではなく、求めている人材が働きそうな他の業種の時給も調べ

ます。なお、調べる際には次に紹介する募集媒体の内容をチェックしたり、店頭に貼ってある求人ポスターなどを確認したりすることが必要です。

## （2）スタッフ募集方法（媒体）の種類とその違いを理解しておこう

　スタッフを募集する時の方法には「無料」と「有料」の２つの方法があります。無料には「ハローワーク（職業安定所）」、「店頭の求人ポスター」、「知人・友人などからの紹介」などがあり、有料には駅の改札口になどに置かれている「フリーペーパー」、「新聞折り込み広告」「インターネットの求人サイト」などがあります。

　加盟者の多くは費用のかからない「ハローワーク」や「知人・友人からの紹介」などの募集媒体を活用しがちですが、有料の募集媒体も組み合わせて活用することが必要です。なぜなら、開業前の短期間で必要な人員数、それもできるだけ「求める人物像と勤務条件（通勤時間やシフト入りの回数など）」が合った人材を採用しようとすると、無料の募集媒体だけでは選択できるほどの応募者数を集めることができないからです。

　なお、有料の募集媒体は掲載スペースや期間、地域（配布）や回数、さらには広告代理店によっても価格は異なるので、事前に調べて置くことが必要です。

## （3）採用したい人材によって、効果がある募集方法（媒体）は異なる

　スタッフ募集広告を出す前に、加盟者として「どのような年齢の人材を働き手として求めているのか」を明確にしておく必要があります。なぜなら、次ページの図表 10-3 にあるように、年代別に活用している求人募集媒体が異なるからです。

【図表 10-3　年代別求職・転職時に利用する求人情報媒体（単位＝％）】

| | インターネットの求人サイト | 求人情報誌（フリーペーパー等） | 新聞折り込み広告 | 職業安定所（ハローワーク） | 新聞の求人欄 | 店頭の求人ポスター | 友人・知人の紹介 | 個別企業のホームページ | 民間の職業紹介会社 | 合同企業説明会 | SNS（Facebook・Twitterなど） | その他 |
|---|---|---|---|---|---|---|---|---|---|---|---|---|
| 計 | 63.6 | 50.8 | 41.9 | 40.3 | 19.8 | 13.6 | 12.9 | 7.6 | 3.8 | 1.4 | 0.7 | 1.9 |
| 20 代 | 73.8 | 60.2 | 28.2 | 35.9 | 9.7 | 14.9 | 9.1 | 12.3 | 1.9 | 2.3 | 1.6 | 0.6 |
| 30 代 | 71.5 | 56.6 | 38.5 | 33.0 | 20.4 | 12.6 | 10.4 | 7.8 | 3.6 | 1.3 | 1.0 | 0.0 |
| 40 代 | 68.7 | 55.2 | 48.5 | 38.7 | 22.2 | 15.2 | 11.4 | 5.4 | 5.1 | 0.7 | 0.3 | 1.0 |
| 50 代 | 61.6 | 49.2 | 47.5 | 51.5 | 27.3 | 13.8 | 13.1 | 6.7 | 5.1 | 2.4 | 0.3 | 2.4 |
| 60 代以上 | 34.5 | 26.1 | 49.6 | 43.8 | 19.9 | 10.6 | 23.0 | 5.3 | 3.5 | 0.0 | 0.0 | 7.1 |

ワークブックでチェック！

【時給相場の把握】

| チェーン名 | 時給（円） | チェーン名 | 時給（円） |
|---|---|---|---|
| | | | |
| | | | |
| | | | |
| | | | |

【求人媒体の価格と条件の把握】※ 価格等は求人誌発行会社の HP で調べる

| 求人媒体名 | 費用金額 | 掲載期間（回数） | 掲載（配布）地域 | その他 |
|---|---|---|---|---|
| | | | | |
| | | | | |
| | | | | |
| | | | | |

# 4. 開業までの育成トレーニング計画と費用見積もり

このセクションの **Point**

1. 開業前の育成トレーニングの重要性を理解しましょう
2. 育成トレーニングにかかる費用の見積もりを出してみましょう
3. 開業後のフォローアップトレーニングに必要な予備費も計画しておきましょう

## (1) 開業前のトレーニングで第一印象が決まる

　開業前のスタッフ育成トレーニングにどれだけの時間と労力を費やしたかによって、開業後の業績が決まるといっても過言ではありません。なぜなら、お客様の評価は最初に利用した時の印象で決まってしまうからです。ですから、開業までに接客や販売、サービス提供の方法など、トレーニングをしっかりと行い、来店されたお客様に満足いただきリピーター（顧客）になっていただくことが何よりも重要です。

## (2) 本部が実施する開業前研修の受講

　本部で行う座学研修や店舗実地研修などの費用は契約時に支払う「加盟金」または「開業費」に含まれていたり、それらとは別途に「開業前研修費」として徴収されていたりするのが一般的です。しかし、社員やパート・アルバイトなどを開業前研修に出す場合には、「開業前研修費」とは別に徴収されることもあります。

　また、所要日数（時間）に対する給与や交通費なども発生しますので予算に計上しておくことが必要です。

## (3) 開業直前のスタッフ育成トレーニング

　開業直前のトレーニングに必要な時間は業種により異なります。たとえば、

コンビニエンスストアであれば、一人当たり3時間×5日間＝15時間程度が
レジ打ちなど基本業務のトレーニングにかかる時間です。スタッフの人数を
20人とすると、共通業務だけで300時間×基本時給の費用が発生します。
［仮に時給が900円として、合計27万円＋交通費］

　また、この他に早番（8時〜17時）、遅番（17時〜22時）、深夜番（22
時〜翌8時）ごとに行う作業のトレーニングも行う必要があるので、その時間
分の時給も発生します。

　これらのトレーニング時間は業種または加盟するチェーンごとに異なるの
で、本部の開発担当者や店舗指導担当者に目安となる時間を教えてもらった
り、既存加盟者を訪問して実際にかかっているトレーニング時間をヒアリング
したりして、目安となる費用を把握しておいてください。

## （4）開業後のフォローアップトレーニング

　スタッフのトレーニングは開業後も続く場合があります。たとえば、コンビ
ニエンスストアの深夜業務などは開業前に体験できないため、開業後に加盟者
や経験のあるスタッフが一緒にシフト入りして教える必要があるからです。

　このような事例は業種やチェーンごとに異なりますので、本部担当者に今ま
でにあった開業後のフォローアップトレーニングのケースなどを事前にヒアリ
ングして、育成予備費を資金計画に計上しておくこともポイントです。

ワークブックでチェック！

【育成トレーニング費用等の把握】

| スタッフ氏名 | 勤務時間帯 | 所要時間 | 時給 | 交通費 | 合計金額 |
|---|---|---|---|---|---|
| | | | | | |
| | | | | | |
| | | | | | |
| | | | | | |
| | | | | | |
| | | | | | |
| | | | | | |
| | | | | | |
| | | | | | |
| | | | | | |
| | | | | | |
| | | | | | |

# 5. 開業後のスタッフ育成体制の計画作り

このセクションの **Point**

1. スタッフが早期に退職してしまう理由を理解しましょう
2. 早期退職防止と戦力化に欠かせない「定期面談」の役割を知りましょう
3. スタッフに求める「職務内容」と、その「基準」を明確にしましょう

## （1）早期退職の原因を理解して対応することで「定着化」を促す

　開業して1～2ヶ月が経過する頃になると「退職したい」と申し出るスタッフが出始めます。その原因の多くは仕事や職場に対する「期待と現実のギャッ

プ」です。

　スタッフは求人サイトなどで得た情報や面接から、仕事や職場に対して自分なりのイメージを作っています。しかし、働き始めてしばらくすると、「人間関係が良くない（店長と合わない）」、「思っていたより仕事がきつい」、「給与が安い」など、イメージと異なる場面に遭遇してやる気が低下し、退職を考えるようになります。

　退職を申し出るスタッフを減らすためには、開業してから２週間目〜１ヶ月目に加盟者自らスタッフ一人ひとりと面談（30 分間程度）を行うことをお薦めします。そして、スタッフがどんなギャップを感じているのかを聞き出し、ギャップに対する共感や理解を示すと同時に、スタッフの働きぶりや仕事上の「強み（長所）」を認めたりすることが必要です。

## （2）定期面談を活用して、スタッフを「戦力化」する

　次のステップとして必要なことは、スタッフ一人ひとりの"やる気"や"能力"を引き出し、接客・サービスレベルを上げて顧客満足度を高めたり、チームワークの向上を目指して業務（作業）の生産性を高めたりするなど、スタッフを「戦力化」することです。

　そのためには、加盟者が求めている「スタッフ像（働きぶり・レベル）」を明確に示し、３ヶ月目・６ヶ月目などに定期面談を行い、スタッフ自身が考えている自分の取り組みレベルと加盟者が評価している取り組みレベルを確認し合うことが必要です。

## （3）セルフチェック表の活用

　その時に用いると効果的なのが、【図表 10-4　セルフチェックシート】です。この評価表を活用する場合には、本人と店長が面談前に別々に評価することがポイントです。なぜなら、本人に記入させてから店長がすると、店長の評価は無意識のうちに本人の評価に影響を受け、客観的な判断が難しくなるからです。

ステップ 10 〜開業前準備（人事面）〜

事例のように、本人が「３」に対して店長が「４」、または店長が「４」に対して本人が「３」と、お互いの評価には差があるのが一般的です。面談ではこのギャップについて話し合うことが大切です。本人よりも店長が高い評価をしている場合は、具合的にどのような点を評価したのかを伝えることで、スタッフを「ほめる」、「認める」ことにつながり、やる気を高めることができます。また、本人より店長が低い評価をつけた項目については、そのギャップを具体的に示すことで、次の面談までの目標作りにつなげることができます。

**【図表 10-4　セルフチェックシートの事例】**

| 職務遂行のための基準 | 本人 | 店長 |
|---|---|---|
| 1.　笑顔でお客に対応し、ホスピタリティの伴ったサービスを実践している | 3 | 4 |
| 2.　正しい敬語とお客に配慮した丁寧な言葉遣いで対応している | 4 | 3 |
| 3.　服装や身だしなみに常に注意し、接客にふさわしい清潔感を保っている | 3 | 3 |
| 4.　お客に関する記録等から顧客ニーズを的確に把握して接客をしている | 3 | 3 |
| 5.　職場の清掃・整理整頓を常に行っている。 | 3 | 4 |

出所：厚生労働省「職業能力評価基準」、外食産業・店舗運営者：共通能力の項目をもとに加工修正

## (4) セルフチェック表の作成方法

　作成時に参考になるのが、厚生労働省の「職業能力評価基準」（http://hyouka.javada.or.jp/）です。この資料は業種別・役割別・評価内容別に項目が作られており、インターネット上から誰でもダウンロードすることできます。ぜひ、この資料をもとに加盟者自身がスタッフに求める「職務遂行項目」と「基準」を明確化してください。

5. 開業後のスタッフ育成体制の計画作り

ワークブックでチェック！

【セルフチェック作成のための項目と基準のリストアップ】

| 職務項目<br>（接客・清掃などの具体的項目） | 職務遂行のための基準 |
|---|---|
|  |  |
|  |  |
|  |  |
|  |  |
|  |  |
|  |  |
|  |  |

## コラム **10** 「開業前準備（人事面）」

　４週間の研修はきついながらも「充実」そのものだった。座学は経営管理の基本から衛生管理、発注手続きなど覚えることがたくさんあり、毎回テストも行われた。

　そして実店舗での研修では接客や調理などを行った。人気店だけあってお客様の数はかなり多く、もたついて迷惑を掛けることもあったけれど、お店側の人間としてカフェに関わっていることが何より嬉しかった。

　研修の次はスタッフの採用だ。研修期間中に、開店前の宣伝も兼ねて、スタッフ募集の情報を載せたサービス券付きのチラシを工事中の店舗の前に置いておいた。その効果もあり、研修中にも何件か問合せをもらっていた。

　大学生や主婦の方からの問合せが多い中、60代の女性からも連絡があった。飲食業の採用難は覚悟していたので、反応の良さは意外だった。チラシでお店のコンセプトをしっかり伝えたのと、近隣の相場に比べて見劣りしない時給を設定したのがよかったのかもしれない。

　採用とトレーニングは時間もお金もかかる。人事総務の経験から頭ではわかっていたはずだが、トレーニング中にも時給が発生することを体感し、「短時間で効果を上げたい」という焦りが態度に出て、反省したりもした。

　サービスの質は人で決まる。お店の評価はサービスの質に大きく左右される。懸命に研修に取り組むスタッフの姿に、「皆と一緒にお店を育てていこう。私も皆と一緒に育っていこう」と、香奈は心からそう誓った。

# トラブル回避 Q&A

　ステップ１からステップ10までの過程で、フランチャイズ加盟に関するポイントについては理解が進んだものと思います。ところが、フランチャイズで成功するためには、これだけでは不十分です。仮に、あなたが優秀なフランチャイズチェーンに加盟したとしても、このことはフランチャイズで成功するための序章にすぎません。真に大切なことは、加盟したチェーンでしっかりと店を運営し、お客様からの支持を得て、売上や利益を確保していくことです。そのためには、本部の支援を受けながら、あなた自身が努力を積み重ねていくことが何より重要です。

　とはいえ、創業者や事業の多角化を目指す法人にとって、フランチャイズは馴染みのない分野であることは間違いありません。フランチャイズ契約書の内容は難解ですし、聞いたことがないような専門用語も数多く登場します。ここでは、未知の分野に船を漕ぎ出す創業者や事業の多角化を目指す法人に対して、想定しなかった事態に遭遇したときの解決策をQ&A方式で提示します。ぜひ、活用していただければと思います。

# 1. 加盟契約

**Q1** 法定開示書面を開示されないままフランチャイズ契約を締結しました。このような契約を解約できますか？

個別の状況により異なりますが、解約は難しいでしょう。

そもそも、加盟希望者に対する法定開示書面の交付が義務付けられているのは小売業と飲食業（商品供給が契約条件になっていない場合は除く）の本部に限られており、サービス業のフランチャイズ本部は法定開示書面の交付義務は負いません。また、小売・飲食であっても、中小小売商業振興法上では、法定開示書面を交付することが契約の有効要件とはされていないので、法定開示書面を交付しなかったからと言って、当然に契約が無効になるわけではありません。

ただし、法定開示書面に記載された内容が虚偽だったり、重要事項について説明しなかったりするような場合は、本部の説明義務違反として契約を解約する余地もあります。詳しいことは、弁護士とご相談されることをおすすめします。

**Q2** アーリーステージのチェーンに加盟する時に気をつけるべき点は何ですか？

アーリーステージとは立ち上げて間もないチェーンを言います。こうしたチェーンの中には、市場での認知度も高まり加盟希望者も急増しているようなきらりと光るチェーンもあるでしょう。そのようなチェーンを見て、十分な検討なしに「我先に」と焦って加盟を進めると、後々後悔することにもなりかねません。

往々にして、こうした段階にあるチェーンはその業態の魅力度とは裏腹に、本部の内部体制やフランチャイズパッケージが整っていないことがしばしばあるようです。また、財務面においても、スタートアップ時の投資やその後の成

長を支える追加投資が先行するため、通常のチェーンと比較して見劣りする傾向があります。

　以上のような状況を踏まえて、アーリーステージのチェーンへの加盟を検討する場合は、以下の諸点を十分に留意することが必要です。

　①フランチャイズ展開には欠かせない商標登録が完了しているか

　②業務内容に即したしっかりとしたフランチャイズ契約書が用意されていて、本部と加盟店の役割、権利・義務が明文化されているか

　③展開する業態（店舗・サービス）が時流に乗っており、今後も中期的に持続性があると判断できるか

　④マニュアルや研修システム、人材の増強等、加盟店の成長発展のための体制が整えられているか

　⑤成長のために必要な投資を賄う資金調達計画が、長期的な展望に基づいて適切に立案されているか

---

**Q3** 加盟店開発代行会社とは何をする会社ですか？このような会社を介してフランチャイズ契約を締結する場合の注意点を教えてください。

知名度が低い新興フランチャイズチェーンが、加盟店開発を外部の企業にアウトソーシングすることがあります。この時の外部の企業を、加盟店開発代行会社といいます。

　したがって、開発代行会社が推薦するフランチャイズチェーンは、チェーンとしての経歴が浅いというような特徴があります。また、開発代行会社はフランチャイズ契約を成約させないと本部から報酬を得られないので、加盟契約を強引にすすめる傾向があります。

　フランチャイズ契約を締結する場合は、このような開発代行会社が仲介していないかについて確認が必要です。もし、開発代行会社が仲介している場合は、重要事項については必ず本部の担当者に確認するようにしてください。

トラブル回避 Q&A

## Q4 フランチャイズ契約はクーリングオフできますか？

　クーリングオフとは、消費者が一定期間内であれば契約を解除できる制度のことです。訪問販売、電話勧誘販売、連鎖販売取引、特定継続的役務提供、業務提供誘引販売取引、訪問購入の６つの取引がクーリングオフの対象となります。

　ただし、この制度は本来消費者保護のための制度であり、独立した事業者同士の契約であるフランチャイズ契約には適用されません。フランチャイズ加盟者は、自己の経営責任を自覚し、契約内容を熟慮して、自己責任によって契約しなければなりません。

　しかし、最近は、加盟のハードルを低くするために、開業前の中途解約について加盟金の一部返金を認める本部もあります。中には、それを「クーリングオフ制度」と自称している場合もあります。ただ、あくまで本部が定めた独自の制度であり、法律が定めたクーリングオフとは異なりますので、事前に、その内容をよく確認しておく必要があります。

## Q5 個人加盟と法人加盟の違いはどこにありますか？

　特に大きな仕組面での違いがあるわけではありません。一般に、初期投資や加盟後の追加投資が多額になることが想定される業態は、法人加盟に適しています。他方、小規模な店舗や夫婦で働くことを前提とした業態などは個人加盟に向いています。チェーンによっては、はじめから法人のみを加盟対象とする場合があります。理由は、法人の方が資金や人材といった経営資源が充実していると考えられるからです。また、介護関連フランチャイズの場合は、法人でないと事業を行えないため、法人化することが加盟の前提となる場合もあります。

　税制面からみた個人と法人の主な違いは次のとおりですが、税金面や金銭面だけで判断するのではなく、加盟者の将来のビジョンなども考慮しながら選択

してください。

| 組織形態 | 法人組織 | 個人経営 |
|---|---|---|
| 税法の種類 | 法人税法 | 所得税法 |
| 事業年度の設定 | 1年以内の期間で自由に設定 | 暦年（1/1-12/31） |
| 申告・納付期限 | 原則として決算日後2ヶ月以内 | 決算日（12/31）の翌年2/16-3/15 |
| 事業の永続性 | 会社に相続はない（倒産は別） | 経営者個人の死亡により廃止 |
| 経理事務の充実 | 比較的高度な経理を要求 | 簡便な経理も可能 |

# 2. 売上予測

**Q6** 売上予測は必ず提示してもらえますか？

　本部が売上高予測を加盟希望者に提示することは、法律上は義務付けられていません。その意味で、売上予測を必ず提示してもらえるわけではありません。

　しかし、経済産業省の調査（フランチャイズチェーン事業経営実態調査報告書）によれば、約8割の本部が何らかの形で売上予測の提示をしています。ただし、提示する売上の根拠は、本部によって様々です。ですから、本部から提示された売上予測の算出根拠を明確に説明してもらうことに加え、既存加盟店から話を聞いたり、同業他社と比較したりするなどして、算出根拠の妥当性や実現可能性を検討することが大切です。売上金額の予測は経営計画の基本となるものであり、非常に重要な項目です。商圏の特性や立地条件、経営者の状況によっても大きく違いが生じる可能性があることを、予め認識しておきましょう。

　なお、売上予測が提示された場合でも、その売上高が保証されているわけではありません。

## Q7 加盟店自身も、売上予測調査をするべきですか？

　売上予測の調査は専門的技術を必要とするので、簡単にできるものではありません。そのため、本部が提示した売上予測を鵜呑みにする加盟店をよく見かけます。本部が提示する売上予測値は、加盟希望者の加盟契約締結の最終判断を促すためのツールという意味合いもあるので注意が必要です。

　売上予測の調査は素人が簡単にできるものではありません。ですが、有効な方法として、こらから出店しようとする店舗物件と類似した立地条件の同じチェーンの店（できるだけ多く）を探し出し、実際の売上を調査してみてください。こうすることで、出店しようとする店のおおまかな売上を類推することができるでしょう。

　また、通行量調査など自分でできることは積極的に行ってください。そうすることで、本部から提示された売上予測値の元になるデータが正しいものかを判断することができます。なお、売上予測についての本部の説明に納得できないときは、信頼する専門家又はコンサルタントに依頼し、立地条件を説明して数字の客観性、合理性、適確性を評価してもらうことをお勧めします。

## Q8 実際の売上が予測売上の半分にも満たなかった場合、本部の責任を問えますか？

　予測数値にもとづいて事業計画を組んでスタートしている以上、その実績が半分であれば経営は大変厳しいものになります。しかしながら、単に実際の売上が予測売上より低かったからと言って、それだけで本部の責任を問えるわけではありません。

　過去の裁判例をみても、予測売上と実際売上の乖離率だけを根拠に本部の賠償責任を認めたものはありません。本部が損害賠償義務を負うのは、売上予測の説明について、詐欺的行為等の不法行為をした場合や、信義則上の情報提供

義務に違反した場合です。

　すなわち、売上予測の乖離の問題は、単に乖離率の問題ではなく、提供される情報が正確な根拠を伴ったものかが重視されます。売上予測の基礎となる資料や情報が正確であれば、たとえ実際の売上高と予想売上との間に大きな乖離があったとしても本部の責任は問えないこともありますし、逆に、不正確な情報に基づいて売上予測が作られていた場合は、実際の売上高と予測売上の乖離がわずかであったとしても本部に対して損害賠償責任を問うことができるでしょう。

---

**Q9** 「収支計画書」「売上計画書」等に「提示した売上予測はあくまで予測であって、実際の売上を保証するものではありません」と記載されていました。このような言葉が書かれていれば、本部は一切の責任を免れるのでしょうか？

---

　法令上では売上予測の提示は義務付けられていません。平成14年4月に改正された公正取引委員会の「フランチャイズガイドライン」においても、売上予測の提示は本部の必須の義務とはされていません。

　ただ、本部が売上予測を開示する場合には、根拠ある事実、合理的な算定方法等に基づくこと及びこれらの根拠となる事実、算定方法を示す必要があります。それに違反すれば本部は加盟店に対する損害賠償義務を負います。そのため、売上予測を提示する本部では、そのデータに、必ず「提示した売上予測はあくまで予測であって、実際の売上を保証するものではありません」と記載します。

　しかし、大切なのは本部が正確な資料に基づいて売上予測をしたか否かです。ですから、「提示した売上予測はあくまで予測であって、実際の売上を保証するものではありません」と注記されていたとしても、それだけで本部の責任が生じなくなるわけではありません。

トラブル回避 Q&A

# 3. 加盟金

**Q10** フランチャイズ契約に際し、加盟金の他に本部に対して支払う
お金にはどのようなものがありますか？

　フランチャイズ契約に際し、加盟金の他に本部に対して支払うお金には、お
およそ次のようなものがあります。ただし、本部によってはこれらの対価が加
盟金に含まれている場合もあります。したがって、本部が提供するサービスに
ついて、別途支払が必要であるのか加盟金に含まれているかを確認することが
大切です。

　①開業前準備費（教育研修費・広告宣伝費等・本部からの応援スタッフ人件
　　費）
　②立地調査費用
　③店舗内装のデザイン費・工事費・備品費等
　④開業時の初期商品等仕入代金

**Q11** 一旦支払われた加盟金の返金が認められることはありますか？

　多くのフランチャイズ契約書では、「支払われた加盟金は理由の如何を問わ
ず返還しない」と定められています。したがって、基本的には本部に対する加
盟金の返金請求は困難だと考えておく必要があります。これはたとえ開業にい
たらなくても、フランチャイズパッケージとしてノウハウや本部による指導が
加盟時もしくは開業に向けて提供されているためです。

　ただし、加盟契約は交わしたものの、マニュアルも受け取っておらず開業前
研修も受講していないというような場合は、本部との交渉により一定額を返還
してもらうことが可能かもしれません。

# 4. ロイヤルティ

**Q12** ロイヤルティの金額の決め方にはどのようなものがありますか？

ロイヤルティの一般的な算出方法には以下の方法があります。

①売上高に一定割合を乗じる方法

②粗利益に一定割合を乗じる方法

③売上等に関係なく一定額を徴収する方法

④面積や席数、生徒数などに応じて決定する方法

①は採用する本部が最も多い方法です。飲食業のチェーンでこの方法の採用する割合が小売業・サービス業と比べて多いようです。

②は主としてコンビニエンスストアが採用している方法です。ロイヤルティ率は粗利益の 30 ～ 60％程度で、チェーンの優劣や契約形態により異なります。この方法を採用するためには、売上だけでなく仕入原価も本部がしっかり把握することが必要で、本部としてはそのための投資が必要になります。

③は①に次いで採用する本部が多い方法で、サービス業で採用することが多いようです

④ですが、居酒屋で「坪当たり●●●円」、学習塾で「生徒１人当たり●●●円」などといった決め方になります。

ロイヤルティが妥当な水準か否かの判断は、本部が加盟店に提供する役務の内容によってまったく異なるため、加盟店にとってどの方法が有利でどの方法が不利というものではありません。

**Q13** スーパーバイザーを派遣してもらえない場合でもロイヤルティが徴収されるのですか？

ロイヤルティは、一般論ですが、①商標・サービスマークの使用、②ノウハウの使用、③継続的な経営指導、の対価として加盟店から本部に対して定期的に支払われる金銭です。

しかし、①・②のみの対価としてロイヤルティが徴収される場合は、スーパーバイザー派遣費用は別途徴収の対象となります。

したがって、スーパーバイザーの派遣がない場合でも、加盟店がロイヤルティを支払わなくてもよいということにはならないわけです。


**Q14** ロイヤルティの他に定期的に本部に対して支払うお金にはどのようなものがありますか？

典型的なのが、本部が提供するシステムの使用料です。その他にも、広告分担金や販売促進費を定期的に徴収するチェーンがあります。また、本部から借用している設備のリース料、開店後の定期的店長及び店員の研修・訓練費用、計数管理指導料、会計事務代行費用などが徴収されることがあります。

加盟に際しては、ロイヤルティの他にどの様な種類の金銭を定期的に支払うことになるのか十分確かめてください。


# 5. テリトリー

**Q15** テリトリー権とは何ですか？

フランチャイズ契約において、一定の地域における独占的な営業権が与えら

れることがあります。このような地域的な独占的営業権のことをテリトリー権
といいます。テリトリー権は加盟者にとっては次のようなメリットとデメリッ
トがあります。

◆メリット
　①商圏が保障されるので、一定の収益を見込むことが出来る
　②商圏を独占できるので、同一チェーン間での競合の心配がない

◆デメリット
　①希望地域に出店できないことが多い
　②出店や営業活動がエリア内に限定されるため、事業規模の拡大に限界が
　　ある

　テリトリー権の有無は法定開示書面の開示事項でもあります。加盟契約に際
しては、テリトリー権の有無を必ず確認してください。

---

**Q16** テリトリー権の定めのないフランチャイズ契約において、本部
担当社員が「この地域には直営店を出しませんよ」と約束して
いたにもかかわらず、本部が直営店を出店しました。加盟店は
契約を解除できますか？

---

　フランチャイズ契約上でテリトリー権の定めがなければ、本部が加盟店の近
隣に直営店を出店することも契約違反ではありません。しかし、テリトリー権
について別途の特約を結べば、本部は加盟店のテリトリーに出店できなくなり
ます。
　ただ、口頭の約束の場合は、後でそれを立証することは困難となります。で
すから加盟者側としては、直営店の出店が加盟店の経営に悪影響を及ぼさない
よう、事前に本部に対して十分な説明を求めるとともに、口頭での約束を文書

化しておくことが重要です。

# 6. 店舗運営

**Q17** 本部指定業者以外の業者を使って店舗の内外装工事をしても良いですか？

　本部が指定業者を強制することが、独占禁止法が禁止する「優位的地位の濫用」に該当するか否かが問題となります。一般に、チェーンとしての統一的なイメージや水準を維持するためには、本部が業者を指定することも許されるとされています。

　したがって、原則として、加盟店は本部指定業者を使用しなければなりません。しかし、チェーンの統一性や水準と関係なく、不当に高額な業者を指定する（＝本部が高額なリベートを受け取っている）場合などは、加盟店が指定業者以外の業者を用いることも許される余地があります。

**Q18** 本部指定の仕入れ業者以外から食材等を仕入れることは許されますか？

　フランチャイズチェーンではチェーンとしての統一性や水準を維持しなければなりません。そのため、特定の食材業者が指定されるのが一般的です。しかし、その制限が、加盟店による廉価で良質な商品の購入を不当に制限するような場合は、指定業者からの仕入れを強要することが独占禁止法に抵触する可能性があります。

**Q19** 本部がキャンペーンを再三実施して通常販売価格より安い価格での営業を強制されています。おかげで売上が激減しました。加盟店とすれば、どうすればよいですか？

　フランチャイズチェーンでは、同じ商品がどの店舗でも同じ価格で提供されることが期待されます。そのため、本部で行うキャンペーンはチェーン全体のために必要であるとして、加盟者の協力義務が定められている場合があります。ですから、通常より安いキャンペーン価格であっても全店が一致した価格で提供するために本部で設定した価格に従わなければなりません。

　とはいえ、経営基盤が侵されるようなキャンペーンなど、正常な商習慣に照らして不当に加盟者に不利益となるような場合には、本部による優越的地位の濫用に当たる、とされる可能性もあるでしょう。

**Q20** 店舗でお客様との間でトラブルが生じた場合、本部と加盟店はお客様に対してどのような責任を負いますか？

　店舗運営の責任は加盟店にありますので、一般論で言えば、トラブルは加盟店の責任で解決しなければなりません。ところが、本部のマニュアル通りに調理したにもかかわらず食中毒が発生したというように、トラブルの原因が主に本部側にあるというようなケースもあるでしょう。こうしたケースでも、加盟店に責任が一切ないということにはなりません。本部のマニュアルに欠陥があったことが原因ですので、本部もお客様に対して一定の責任を負うことになるでしょう。

**Q21** 開店後１年しか経っていないのに、本部から新しい厨房機器の導入を求められました。必ず応じなければならないのですか？

　店舗老朽化への対応や新しいサービスの導入など、消費者への訴求力や

チェーンとしての統一性を維持するために、本部は加盟店に対して新設備の導入を要請することができます。

ただし、本部の一方的な利益のためだけに加盟店に対して再投資を強制するような場合は、独占禁止法で規定する「優越的地位の濫用」に当たりますので、加盟店としては拒否することができますし、場合によればフランチャイズ契約を解約することもできます。

加盟店としては、どうしてそのような新設備導入計画が本部から出てきたのか、チェーン全体や他の加盟店の利益も考えた中長期的な視野での取り組みになっているかかどうかなどについて、本部の意図を確かめることが必要でしょう。

## Q22 年中無休・24時間営業のフランチャイズに加盟しています。自分の判断で休業することはできますか？

事前に本部と連絡を取るようにして、自分の判断のみで休業することは避けてください。独自の休業は顧客の利便性やチェーンの統一性を損なうことになります。

また、事件、事故、災害等によって休業しなければならない場合でも、警察等の指示を受けると同時に、本部にも連絡し指示を受けてください。現場検証等に本部も協力する必要があるかもしれないからです。

なお、フランチャイズ契約に営業日、営業時間が定められている場合は、本部の承諾を得ずに休業することは契約違反になります。

# 7. 競業禁止

## Q23 競業禁止義務とは何ですか？

　当該チェーンと類似する事業を行うことを競業といいます。加盟店が、本部に無断でそのチェーンと同種の事業を行うことを禁じることを競業禁止義務と言います。多くのフランチャイズ契約では競業禁止義務が定められています。

　フランチャイズ契約終了後の競業禁止義務も、有効であると解されています。ただし、営業の自由を不当に制限することになってはいけないので、禁止される事業の内容・地域・期間を限定すべきであるとされています。

## Q24 同種の事業、類似の事業とは具体的にどういうことを指すのでしょうか？

　たとえば、焼鳥店と居酒屋のどちらも「酒類や料理を提供する」という点では共通していますが、その理由だけで、直ちに競業禁止義務に反するというわけではありません。焼鳥店も居酒屋も多様な形態がありますので、競業禁止義務に反するかどうかについては、店舗の内外装、雰囲気、客層、価格帯、中核メニューなど、様々な要素を比較して判断されることになります。

## Q25 店舗の売上が上がらないために加盟店が中途解約せざるを得ないような場合でも、競業禁止義務は及びますか？

　競業禁止義務の趣旨は、本部の経営ノウハウ保護にありますので、店舗の売上低迷を理由とする中途解約の場合にも競業禁止義務は及びます。

# 8. 秘密保持

**Q26** 秘密保持義務の対象とされる営業秘密にはどのようなものがありますか？マニュアルやレシピやメニューや顧客情報は営業秘密に含まれますか？

　営業秘密が法的保護に値するためには、①秘密管理性、②有用性、③非公知性の要件を満たさなければなりません。

　営業秘密として問題になるものとしては、店舗運営マニュアル（設備管理、従業員教育、商品管理など）、情報システム、店舗設計ノウハウなどです。また顧客情報も重要な営業秘密となります。

　メニューそのものは公開されていることから営業秘密には該当しません。レシピについては、よほど特殊なものでない限り営業秘密と認められる可能性は低いでしょう。


# 9. 商標

**Q27** 本部がその商標を登録していません。加盟店にはどのようなリスクがありますか？

　本部がチェーンのブランド名やマークを登録していなかった場合に、そのブランド名やマークと同様または類似する商標を他の者が登録すると、加盟店も、そのブランド名やマークを使用できなくなるおそれがあります。そのような場合は、加盟店の初期投資が無駄になり、最悪の場合は営業できなくなることもあります。

　加盟にあたっては、チェーンの商標が登録されているか否かについて、本部

に確認してください。下記のホームページでも確認することができます。

（https：//www.j-platpat.inpit.go.jp/web/all/top/BTmTopPage）

# 10. 契約の終了

**Q28** フランチャイズ契約が終了した場合、どのような措置をとらねばならないのですか？

　フランチャイズ契約が終了したときは、加盟者はフランチャイズ契約に基づく加盟店としての営業権を失います。

　具体的には、①店舗の営業を中止し、そのチェーンに属すると見られるような外装および内装を撤去し、②本部から許諾された商標の使用を停止し、③本部から貸与されたマニュアル等を返還するなどの措置を講じなければなりません。これは、終了の理由のいかんに関わらず、講じなければなりません。

**Q29** 売上が低迷しているのでフランチャイズ契約を中途解約しようと思います。可能ですか？

　契約期間中の中途解約については、通常は契約書に定めがあり、それに従うのが原則です。また、中途解約の定めがなくても、加盟店はやめることができます。

　ただし、加盟店からの一方的な中途解約については、契約書で違約金の支払が義務付けられていることがありますので注意が必要です。

　なお、業績不振の兆候が見られたら直ちに本部や専門家に相談し、業績改善のための対策を実施するとともに、事業継続可能性を早めに検討しておくことが重要です。

トラブル回避 Q&A

**Q30** 加盟店が、加盟店の営業を第三者に譲渡することができますか？

　営業を譲渡する場合は、フランチャイズ契約に基づく加盟店たる地位の譲渡を伴います。しかし、フランチャイズ契約では、本部と加盟店との間の信頼関係が重視されるので、加盟店が、フランチャイズ契約上の地位や権利を第三者に譲渡することは、原則として禁じられています。

　したがって、加盟店は、本部に無断で加盟店の営業を譲渡することはできません。

**Q31** 加盟店（個人）が高齢になって働けなくなったり、死亡したりした場合、その後継者（相続人、家族、親族）にフランチャイジーとしての地位を引き継がせることができますか？

　多くのフランチャイズ契約書では、加盟店は本部に無断で加盟店たる地位を譲渡することはできないとされています。しかし、加盟店個人の死亡や代表者の死亡の場合に、例外的にその地位の引継ぎを認める本部もありますので、加盟に際しては、その点について本部に確認してください。

**Q32** 本部の経営が行き詰まり、本部たる地位を他の企業に譲渡しました。加盟店としてはどうすればよいですか？

　フランチャイズ契約上、本部たる地位の譲渡が予定されている場合は、本部の営業譲渡があったとしてもフランチャイズ契約違反にはなりません。他方、そのような定めが無い場合は、本部の営業譲渡に当たっては、加盟店の承諾を必要とします。本部の譲渡先とフランチャイズ契約を継続するか否かは、加盟店自身が判断してください。判断方法として、新規加盟時と同様に新本部を評価することが大切です。

# 11. 違約金

## Q33 違約金とは何ですか？

　違約金にはさまざまな性格がありますが、原則として「損害賠償の予定」と推定されます。競業禁止義務違反や秘密保持義務違反では、違反した場合の損害額の算定が難しいことから、あらかじめ契約書でその損害額を違約金として定めておくのです。この場合、本部は、違約金の他に損害賠償の請求はできません。

　これ以外に「違約罰」としての違約金が定められている場合もあります。この場合、本部は、違約金請求の他に別途損害賠償請求をすることができます。

# フランチャイズ用語集

## い

### e- ビジネス

インターネットを活用したビジネスの総称。代表的なものには、ホームページで注文を受け販売するアマゾンドットコム型、注文を受けてから製造するデルコンピュータ型、入札を行って販売価格を決定するオークション型、広告を収入源とする無料情報提供型などがあります。

### 意匠権

産業財産権の一つ。工業生産により量産可能な新規の意匠を創作したものが、意匠法に基づき、意匠登録を受けて 15 年間この意匠にかかる物品を製造販売する排他的な権利を取得することができることをいいます。

### 居抜き店舗

以前営業していた店舗の什器備品や厨房設備などが残されたままとなっている店舗のこと。初期投資が抑えられたり、開業までの期間を短く抑えることができるメリットがありますが、什器備品や厨房設備が経年劣化している場合があったり、廃業した前の店舗のイメージを引きずってしまうといったデメリットもあります。

### 違約金

違約金とは、債務不履行があった場合に支払う金銭として、あらかじめ設定したものです。フランチャイズ契約の場合は、契約期間がまだ残っているのにもかかわらず、途中で契約を解除する場合などに支払いの義務が生じるなど、

契約書に違約金の定めがある場合があります。

### 売上高・収益予測
　本部が加盟希望者に対して加盟契約前に提示するフランチャイズ事業の売上高・収益予測のことです。ただし本部が加盟希望者に対して売上高・収益予測を提示することは法律上義務付けられてはいません。提示される場合は商圏調査や統計調査などから算出される場合が多いですが、提示する根拠は本部によって様々です。よって加盟を検討する時は、算出根拠の妥当性や実現可能性を十分検討することが大切です。

### 運転資金
　運転資金とは、商品仕入れ・従業員への給与支払いなどの日常の事業運営を行う中で必要となる資金のことをいいます。小売業でいうと、商品を仕入れてそれが在庫となり、それを販売して資金を回収できるまでにはある程度の期間がかかります。仕入時の支払いと販売による回収の時期にずれがあるために、手元に運転資金が必要となります。フランチャイズチェーンによっては、加盟店の資金繰りを支援してくれるところもあります。

### FL コスト
　F は Food の頭文字で「原材料費」のこと、L は Labor の頭文字で「人件費」のことを指します。FL コストとは売上高に占める原材料費率と人件費率の和であり、飲食店の運営において大きな割合を占める 2 つの費用をまとめて表すことのできる指標となります。FL コストを低くできれば、営業利益を高めることができます。

### エリアエントリー契約

一般のフランチャイズ契約は加盟店の店舗が確定した後で交わすのが原則ですが、エリアエントリー契約で加盟店に付与される権利は、①加盟店が特定の地域で優先的に出店できる権利、②出店を条件として加盟店として経営することができる権利、ということになります。エリアエントリー契約を交わしたものの、出店する店舗物件が見つからないなどの場合があり、トラブルに至るケースがあります。

### エンジェル

ベンチャービジネスなどの創業者に起業資金を投資する個人のこと。起業家に対する投資家の代表として、エンジェルと VC（ベンチャーキャピタル）があります。一般的にエンジェルは VC と比較すると創業者との人間関係を重視することが多く、機動的な資金調達が可能であることが多くなっています。株式公開などによるキャピタルゲインがエンジェルの狙いです。

## お

### OJT

OJT（オージェーティー）とは、実際の業務を通じて、上司や先輩が部下に仕事を教える育成・指導の方法のことを言います。最も効果が高い教育訓練手法であるといわれており、成り行きで行うのではなく、計画的・継続的に行うことで効果が上がります。

### オーナー会

広義では、不動産や会員権など有形無形の資産所有者が任意の目的で結成する社団を指します。ここでは「フランチャイズ加盟権」を所有する者、すなわち加盟店オーナーの集まりのことです。本部主体で運営され、指導や経営情報の交換、親睦などを目的とするものと、加盟者だけで組織され、本部に対する

加盟店の地位向上を目指すものとがあります。フランチャイズコンサルティング会社が加盟店向けのセミナーに「オーナー会」という名称を用いることもあります。

## オープンアカウント

　フランチャイズ本部と加盟店の間では、本部が代行した商品仕入れ代金や水道光熱費など公共料金の支払い、またロイヤルティなど本部への支払いが多く発生する場合があります。それを毎回支払うのではなく、売上などの収入と相殺することで事務処理を簡略化するために用いられる貸借勘定のことをオープンアカウントといいます。オープンアカウントはコンビニエンスストアで多く用いられます。

## OFF-JT

　OFF-JT（オフジェーティー）とは off the job training の略で、社外での研修などによる教育訓練のことをいいます。実務的な能力よりも、一般化されたな知識や技術を学ぶために効果を発揮します。OJTの補完的な役割として、組み合わせにより計画的に行うことで、効果があがります。

## オペレーション

　発注、納品、検品、鮮度管理、売上金管理、従業員教育、作業分担、クリンリネス、設備メンテナンスなどの店舗運営全般のことをいいます。多店舗化するためには、オペレーションが単純化され、標準化されていることが不可欠です。

**か**

## 開店指導料

　開店指導料（オープン指導料）とは、開店時に本部が加盟店に派遣する指導員の指導援助の対価をいいます。トラブルの原因となる可能性があるので、指

導援助の日数、指導員の人数、援助の方法、販売促進費が含まれるのか、指導員の交通費や旅費などの負担の有無などについて、契約をする前にきちんと確認することが必要です。

### 加盟金
　フランチャイズ契約を締結した時に、加盟者が本部に支払う金銭のことをいいます。加盟金については、本部ごとに名称が異なったり、性質が異なったりすることが多く、加盟する際にはその本部の加盟金がどういう性質を持つものであるのかをしっかり把握する必要があります。一般には、商標などのマークの使用料やノウハウ、テリトリー料、研修など開店時の支援などの対価として認識されています。

### QSC
　Quality（クオリティ：品質）、Service（サービス：おもてなし）、Cleanliness（クリンリネス：清潔さ）の頭文字を取った略です。これらは店舗経営（特に飲食店）の基本3要素と呼ばれ、店舗経営をしていくうえでこれらの具体的な水準を決めて維持していくことが重要です。

### 競合避止義務
　フランチャイズ契約中、もしくは終了後も一定期間、加盟店は類似の事業を行ってはならないとする禁止条項です。守られなかった場合、違約金を科せられることがあります。本部は契約によるノウハウの流出などを防ぐことを目的としています。

### グッドウィル
のれん を参照。

### クーリングオフ
　消費者は、契約後一定期間内であれば、契約を解除する旨の書面を出すことで違約金なしに契約を解除することができます。これを法的に保証する制度がクーリングオフ制度です。契約を解除できる期間は、訪問販売で8日間、連鎖販売取引（マルチ商法）で20日間など、商品や販売方法などによって異なります。本制度は消費者保護を目的としていますので、フランチャイズビジネスのような事業者同士の契約には適用されません。

## け

### 経営理念
　経営者が持つ企業経営にあたっての信念、信条のことです。マネジメント・フィロソフィーともいいます。経営者と従業員の意思決定と行動の指針となるもので、一般には社是、社訓に提示されることが多くなっています。事業を起こすにあたっては、明確な理念を確立することが大切です。チェーンに加盟する場合は、チェーンの経営理念に共感できることが重要となります。

### 契約期間
　フランチャイズ契約が締結されてから終了するまでの期間のことです。通常はあらかじめ一定の期限をつけておき、期限が終了した時点で契約を更新するか否かを決めるようにしておきます。また、契約の期間中でも契約違反など、特別な事態が発生した時には契約を終了できるようにしてあるのが一般的です。

## 研修費

　研修費とは、主に開業前や開業直後の研修にかかる費用のことで、多くの場合は加盟金に含まれていますが、研修費を加盟金とは別に定めている本部もあります。オーナーに対する研修や、従業員に対する研修などがあります。

## 源泉徴収

　給与・報酬などの支払者が給与・報酬などを支払う際に、事前に所得税などを差し引いて国に納める制度です。また源泉徴収された所得税の調整については、給与所得者は年末調整、自営業者は確定申告などの制度があります。

## 広告分担金

　加盟店の募集広告は本部の費用負担で行いますが、加盟店の売上増進やチェーンのイメージアップを図るための販売促進および広告は、一般的に加盟店の負担や本部と加盟店の負担で行われます。その加盟店が負担する費用のことを広告分担金といいます。金額は売上比率の場合と定額の場合の両方があります。

## 公正取引委員会

　独占禁止法、およびその補完法（下請法、景品表示法）を運用するために設置された機関（行政委員会）です。委員長と学識経験者など4名の委員で構成されており、ほかから指揮監督を受けることなく独立して職務を行っています。

　当委員会は、独占禁止法などの執行と競争政策の推進という2つの役割を持っています。フランチャイズシステムに関しては、通称「フランチャイズガイドライン」と呼ばれる指針を発表して、本部による独占禁止法違反行為の未然防止などを促しています。

## 雇用保険

　国が行う保険事業の一つで、事業主と労働者から折半で徴収する保険料と国庫負担金を原資として、失業給付および雇用安定事業、能力開発事業を行っています。雇用保険法では「1週間の所定労働時間が20時間以上で、かつ1年以上引き続いて雇用される見込みのある労働者を1人以上雇用する事業所は、法人、個人を問わず、原則雇用保険適用事業所となる」とされており、これに該当する事業主は各種届け出と雇用保険料の徴収・納付の義務を負います。

## さ

## 最低保証制度

　本部が加盟店に対して一定の総収入を保証する制度で、大手コンビニエンスストア・チェーンなどに導入されています。これは、加盟店の経営およびオーナーの生活の安定を図るとともに本部と加盟店の信頼関係を築くことを狙いとしています。

　大手チェーンの場合、加盟店の年間粗利益総額（粗利益のほか売上総利益などの呼称もあります）の保証額を設定して、それに満たない場合は本部が不足額を補給するようになっています。但し、オーナーは、ここから従業員の給料などの諸経費の支払や借入金の返済などを行うため、手元に残るのは少なくなりますので、注意が必要です。

## サブ フランチャイズ

　フランチャイザー（本部）が、ほかの事業者に対して、一定の地域についてフランチャイズ契約を結ぶための交渉権利を与えること。当該事業者をサブフランチャイザー（サブ本部）といいます。サブ フランチャイザーは、その見返りとして加盟金やロイヤルティを支払います。また、サブ フランチャイザーは一定の地域における小本部的役割を果たすため、加盟店の店舗開発、教育訓練、スーパーバイジングを行います。我が国では、エリアフランチャイズ

フランチャイズ用語集

という場合もあります。

### ザ・フランチャイズ（フランチャイザーのデータベース）
経済産業省の委託を受け、（社）日本フランチャイズチェーン協会がフランチャイズチェーン本部のデータをインターネット上で公開したものです。本部の企業概要、加盟に際し必要な金銭の額、加盟者に対する商品の販売条件や経営指導などが記載されており（法定開示書面）、加盟希望者がフランチャイザーを初期選択する際に大変役に立つデータベースです。

### Cタイプ
コンビニエンスストアのフランチャイズ契約には、主に2タイプあります。自己所有されている店舗物件で開業する場合がAタイプ、本部が用意する店舗で開業する場合をCタイプと通称的に呼ばれています。Cタイプの場合、店舗改装費用が不要、物件賃料が本部負担で、初期投資はAタイプに比べ少なくて済みますが、加盟金やロイヤルティが高くなるというデメリットもあります。

### 社会保険
病気、業務上の事故、老齢、死亡など国民の生活を脅かす事由が発生した際、リスク分散という保険の原理に基づいて、その生活を保障する保険です。労災保険、雇用保険などの労働保険を含める場合もありますが、狭義には健康保険と厚生年金保険のことです。健康保険および厚生年金保険の保険料は、事業主と被保険者が折半で負担する必要があります。

### JFA
日本フランチャイズチェーン協会を参照。

### ＪＦＡ開示自主基準
フランチャイズ本部が加盟希望者に契約に先立って開示すべきであるとしている契約事項と基準のことで、（一社）日本フランチャイズチェーン協会が独自に決めた基準のことです。「中小小売商業振興法」が定める法定開示項目や公正取引委員会による「フランチャイズガイドライン」をはじめ、それらに規定された以上の詳細な内容を定めています。

### 商標とサービスマーク
商標とは、文字や図形などにより識別されたマークのことで、第三者に対してその商品やサービスを証明する役割を果たします。サービスマークとは、商標の一部でサービスに関して使用する商標のことを総称して呼ばれています。

### 私的独占の禁止及び公正取引の確保に関する法律
独占禁止法　を参照。

### 私募債
証券取引法上、有価証券の募集に該当しないものを「私募」と呼んでおり、50人未満の少数の投資家を対象として発行するものです。適格機関投資家を対象とする「私募社債」と小規模企業が縁故者を対象とする「少人数私募債（縁故債）」があります。特に後者は、1億円未満の起債の場合無担保で、行政への届け出、通知書および告知義務は免除され、将来の収益性が評価されれば資金調達手段として有効な方法です。

### スーパーバイザー
加盟店の経営指導を行う本部従業員のことです。チェーンによってはフィールドカウンセラー、ストアアドバイザーなどと呼ばれています。本部と加盟店

の重要なパイプ役となります。また本部が持つ「経営理念」「ビジョン」「経営戦略」「マーケティング戦略」が加盟店に正しく理解され、店舗運営が実践されているかをチェックし、継続的に指導・支援していく役割を担っています。

### セントラルキッチン

　複数の場所に料理を提供する必要がある場合、調理を1カ所で集中的に行うことで規模のメリットを発揮することができ効率が高まります。このような調理場・調理工場のことをセントラルキッチンといいます。レストランや居酒屋のほか弁当店やコンビニ、学校や病院・介護施設などで取り入れられています。給食センター、集中調理施設といった呼び方をされる場合もあります。

## そ

### SOHO

　Small Office（スモール・オフィス）、Home Office（ホーム・オフィス）の略。通常は、小規模な事業所や自宅でインターネットなどを活用して、ベンチャー企業や専門知識を保有する個人が営む業務スタイルというニュアンスで用いられます。専門知識があれば自宅でも開業できるSOHOは、フランチャイズビジネスに適した業務スタイルであるともいえます。

### 損益分岐点

　損益分岐点とは、利益がゼロとなる売上高（操業度）のことをいいます。費用には操業度に比例して増減する変動費と操業度にかかわりなく一定額となる固定費があり、主に製造業や小売業など、変動費と固定費が区分可能な業態において用いられる分析手法です。事業や商品ごとに、固定費をまかなうために必要な売上高（操業度）を指します。

## た

### ターンキー制度

　フランチャイズ本部が店舗や設備などを一括して用意し、あとは「カギさえ受け取れば」開業ができるというものです。コンビニエンス業界を中心に採用されており、一般的にCタイプと呼ばれる店舗開発の方法です。この制度を利用するには年齢制限や夫婦2人での経営といった付帯条件がつくことがあるので注意が必要です。

### 代理店

　メーカーなど流通チャネルのリーダーが、自社製品のシェア拡大や価格安定を目的として、自社製品の流通チャネルを一つのシステムに構築することを流通系列化といい、これに加入する販売店を代理店といいます。フランチャイジーとの相違点としては、代理店の場合はチャネルリーダーから供給してもらえるのは商品のみで、運営ノウハウや継続的指導など一定の経営システムではない、ロイヤルティが発生しない、運営方法は自らの意思で決定するといった点が挙げられます。

## ち

### 中途解約、契約違約金

　契約した相手が契約違反をした場合に、他方の当事者の意思によって契約を消滅させることを中途解約といいます。また、中途解約にかかわらず、契約を違反した場合に契約違反者が他方の当事者に支払うことを契約で約束した金銭を契約違約金といいます。

フランチャイズ用語集

## て

### ディスクロージャー

　情報開示のこと。フランチャイザー（本部）がフランチャイジー（加盟店）に対するディスクロージャーに積極的であるということは、フランチャイジー（加盟店）との信頼関係を重視していることの一つの証明です。したがってその積極性の度合いはフランチャイザー（本部）の良し悪しの判断基準になります。特に契約時においては、フランチャイジー（加盟店）はフランチャイザー（本部）のディスクロージャーに対する積極性を見極めること、さらに開示された情報の正確性を検証するために裏付けを取るような姿勢も必要です。（参照「法定開示書面」）。

### テリトリー制、テリトリー権

　フランチャイザーがフランチャイジーに対して、その営業地域を指定する制度の事をいいます。我が国では独占禁止法の不公正な取引方法の拘束条件付一般指定第13項の該当性が問題になるので、この条項に抵触しないようにしなければなりません。しかし、宅配サービスのような場合は、お客さまにとっても加盟店にとってもテリトリー制を取っていたほうが便利であるというフランチャイズビジネスもあるので積極的に活用されています。

　フランチャイザーがテリトリー制を取っている場合に、フランチャイジーが特定のエリアに独占的に出店する権利をテリトリー権といいます。

### 登録制度

　「フランチャイザーの登録制度」は、いわばフランチャイザーの戸籍簿です。フランチャイザーが中小小売商業振興法に定められた法定開示事項を中心に、一定の事項を（一社）日本フランチャイズチェーン協会に登録し、同協会はフ

ランチャイジー希望者にフランチャイズチェーンの選択やフランチャイズ契約を締結するかどうかの判断を下すための情報を提供するシステムです。

## 独占禁止法

　経済活動の「公正かつ自由な市場競争」の確保を目的とする法律で、「私的独占」「不当な取引制限」「不公正な取引方法」を禁止しています。公正取引委員会では、フランチャイズシステムに関する独占禁止法の考え方（フランチャイズガイドライン）として、本部事業者が加盟募集の際の情報開示、およびフランチャイズ契約締結後の本部と加盟者との取引について、具体的にどのような行為が同法において問題になるか示しています。

## ドミナント戦略

　出店を「ある一定の地域に集中」することで、その地域内において高い市場占有率を得ようとする地域戦略のことです。フランチャイズビジネスにおいては、特定の地域に出店した個々の店舗の商圏が連続して広がる範囲をいい、出店密度が高いほうが物流面や店舗オペレーションの面で戦略効果が高いと考えられています。

## トレードネーム

　商法上の商号権に相当します。一般的概念として、自分の営業活動を確認させ、これを他人の営業活動から区別させるための名称であると理解されています。

## トレードマーク

　商標法の商標権に相当します。一般的概念として、自分の商品・サービスを認識させ、これを他人の商品・サービスと識別させるための記号であると理解されています。

フランチャイズ用語集

## に

### （一社）日本フランチャイズチェーン協会（ＪＦＡ）

1972 年 4 月に社団法人の認可を受けて発足した、我が国で唯一のフランチャイズ本部が集まった団体であり、略称として JFA と呼びます。JFA の目的は我が国におけるフランチャイズビジネスの健全な発展を目的としています。

JFA の主たる事業は、次のとおりです。

①フランチャイズ事業のためのガイドライン作り

②フランチャイズに関する統計の収集・発表

③業界のスポークスマンとして、関係省庁、およびマスコミなどとの連絡、折衝、および広報

④フランチャイズに関する指導、教育事業（スーパーバイザー学校、スーパーバイザー士が著名である）

⑤会員相互の意見や情報交換の場の提供

⑥フランチャイザーとフランチャイジー、およびその希望者のための各種相談

## ね

### ネットワークビジネス

その組織の販売員が、商品を友人などに紹介し、人のネットワークを通じて、販売員をピラミッド式に拡大する商法です。勧誘した加入者が増えるほど、階層が上がり高いマージン率になる仕組みが一般的である。アメリカから上陸し、イメージなどを変えているが、内容はマルチ商法と同様のもので、マルチまがい商法とも呼ばれています。

## の

### ノウハウ

　一般的には、人の知識や経験、技術や情報などで加盟店が店舗を運営していくためのコツをいいます。いわば店舗の運営方法といった経営上の技術や技能、原料の配合規格や商品の製造方法や商品構成の作り方やその調達方法、スタッフの教育訓練の方法、情報システムのソフトウエアなどです。これらは、フランチャイザーによって長い年月をかけて開発され、十分テストされ、成功が確かめられたものであり、加盟店に提供されるものです。

### 暖簾（のれん）

　のれんは物理的には店先にかけられる垂れ布のことを指します。商法では営業権を指します。機能的には、商人の持っている営業上の秘訣や、得意先、その他の営業から生ずる経済的な利益のことで、営業的な無形資産として考えられています。グッドウィルに相当します。のれんを第三者から有償で取得した場合や合併などで取得した場合は、貸借対照表の資産の部に記載することができます。経済的な価値が認められているために、売買や譲渡担保の目的とされることがあり、のれんの侵害に対しては、場合により不法行為による損害賠償請求をすることができます。

### のれん分け

　長年勤め上げた従業員に店の屋号を使うことを許可し、報奨として独立させる制度のことをいいます。我が国独自の制度で、現在も飲食店を中心にのれん分けは利用されています。しかしながら独立開業資金の高騰や経営能力の不足、大手競合チェーン店の拡大などの理由で、伝統的のれん分けによる独立は難しい状況になってきました。代わりに、フランチャイズシステムによる社員の独立が利用されるようになってきました。形式としては一定の勤続年数、年齢制限、自己資金、能力などを満たす社員を対象にフランチャイズ契約を結ん

フランチャイズ用語集

で、本部の直営店を譲渡、または運営を委託し、独立させることになります。

## は

### パートタイム労働者

　期間契約労働者の一種です。パートタイム労働法（短時間労働者の雇用管理の改善などに関する法律）では「1週間の所定労働時間が同一の事業所に雇用される通常の労働者よりも短い労働者」とされています。期間契約労働者のその他には、アルバイト、契約社員、派遣社員などがあげられます。

### 廃棄ロス

　主に商品の賞味期限切れや売れ残りなどによって廃棄されることによる損失のことで、コンビニエンスストアでは特に総菜、弁当の廃棄ロスの管理が重要となります。商品構成、棚割と密接にかかわっているもので、収益の確保のために廃棄ロスの削減が求められます。またロイヤルティの算出根拠としての廃棄ロスを巡る訴訟もありました。

### バイ バック

　売主がいったん売却した物品を買い戻すこと。または売主が買い戻す権利を留保して売買契約をすることを言います。本部がある一定の条件下で、フランチャイズ権をフランチャイジーから買い戻す場合にも用いる言葉です。

### 派遣社員

　派遣会社に雇用されている労働者が別の会社に派遣されて働くことを派遣労働といい、この形態で働く労働者のことを派遣社員といいます。派遣社員は派遣元である派遣会社と雇用関係がありますが、実際の業務に関する指示命令は派遣先の会社から受けることに特徴があります。労働力の単価はパートタイマーやアルバイトより高めですが、採用や雇用管理の手間とコストがかからな

い点が派遣先にとってのメリットとなります。

## パッケージ ライセンス ビジネス

　パッケージライセンスビジネスとは、店舗内外装デザインの提供、設備や什器備品の提供、メニューや調理レシピの提供などを含めた開業時だけの指導、そして一定の地域での独占権の付与などをまとめてパッケージにして一定の対価と引き換えに使用許諾（ライセンス）契約を結ぶ方式をいいます。フランチャイズと異なり、開業後ライセンシーからの継続的な指導、援助や商品、食材・原料などの供給などはなく、ライセンスの売り切り商売といえます。

## パブリシティ

　企業あるいは製品の情報がテレビや雑誌などのマスメディアに取り上げられることで、基本的には無料の宣伝です。具体例としては、本紙における本部紹介記事や、テレビドラマで自社の商品を俳優が身につけるなどがあります。

## P／A

　「パートタイマー／アルバイト」の略語。多くの場合、有期雇用契約により使用されている時間給労働者を意味します。「正社員」の対意語として用いられることもあります。フランチャイズビジネスにはこのような労働力が大きな役割を果たしているものも多く、そういう業種でよく用いられます。

## B to B、B to C

　事業者（ビジネス business）対事業者（ビジネス）間、事業者対消費者（コンシューマー consumer）間取引のこと。商取引を対面ではなく、電話など電気通信を利用して行うことに、この用語の発端があります。近年は、商取引を情報技術の発展で実用化されたインターネットを通じることで、迅速、正

確かつ低コストでできるようになり、これからの商取引の一般的な手段になるといわれています。

## ビジネスプラン

ビジネスプランとは、計画書の一つで、企業の進むべき方向、成長の速度、到達の方法など、企業の将来について考えるプロセスの結果です。作成されたビジネスプランは、様々な用途にツールとして活用できます。資金調達や事業パートナー募集の際のプレゼンテーションツールとして、社内外の関係者に理解と協力を仰ぐためのコミュニケーションツールとして、そして自分の考えを整理するツールとしても活用できます。ビジネスプランは活用する目的や環境変化などにあわせて常に改善していくことが重要です。

## ビジネスフォーマット型

現在のフランチャイズビジネスの主流となっているものです。「伝統的フランチャイジング」と言われる商品供給を主体としたものではなく、店舗の運営システムなどのノウハウ全般を提供するもので、このノウハウ利用の対価としてロイヤルティを徴収するという仕組みです。

## 非正規社員

パートタイマー、アルバイト、契約社員、派遣社員など、期間を定めた短期契約で雇用された従業員のことです。雇用する側にとって「人件費を安く抑えることができる」「労働時間や従業員数などを調整しやすい」といったメリットがある一方、「熟練労働者を育てにくい」「会社に対するロイヤルティや仕事に対するモチベーションの向上を図ることが難しい」というデメリットもあります。

**ふ**

## フードコート

　フードコートとは、ショッピングモールやアミューズメント施設内などにある、複数の飲食店が隣接しており、客席が共有になっている食事スペースのことをいいます。単独の路面店と比べて、比較的集客がしやすいなどのメリットがあります。

## 付合契約

　あらかじめ契約の内容が当事者の一方によって定められており、相手方は定められた内容に従って契約をしなければならない契約のことをいいます。フランチャイズ契約は付合契約であり、加盟店を保護するために中小小売商業振興法は本部が法定開示書面を交付し、説明することを義務付けています。

## 不正競争防止法

　企業による不正競争行為を列挙するとともに、このような行為に対する差止請求および損害賠償請求などの所在を定め、不正競争を防止することが、不正競争防止法の狙いです。

　不正競争防止法では、不正競争行為を以下の7種類に類型化して禁止しています。

①他人の商号、商標などを使用して他人の商品や営業と混同させる行為

②著名な表示を冒用した商品の売買

③商品の形態を模倣した商品の売買

④窃取、詐欺などの不正明方法による営業秘密の取得

⑤商品の原産地、品質、内容やサービスの質について誤認させるような表示
　をして、商品を売買したりサービスを提供すること

⑥虚偽の事実を　告知するなどして営業上の信用を毀損すること

⑦総代理店、特約店等といった表示を、代理権や販売権が消滅した後に承諾

フランチャイズ用語集

なく、継続使用して商品を販売する行為

　この法律に基づき不正競争によって営業上の利益を侵害され、または侵害される恐れがある者は、その差し止めを請求することができます。故意、過失によって他人の営業上の利益を侵害した者は損害賠償義務を負い、場合によっては謝罪広告などをしなければなりません。

## フランチャイザー（本部）

　通常、本部、本部企業、あるいはザー、ライセンサーとも呼びます。フランチャイズにおいて、自己の商標、サービスマーク、トレードネーム、その他の事業の象徴となる標識の使用をフランチャイジーに許諾する側の事業者をいいます。事業活動のうえでは、通常本部として、事業方針の計画、決定、フランチャイジーの募集と選択、店舗立地の選定、管理統制、マーチャンダイジング、フランチャイジーの指導などの機能を担当します。

## フランチャイジー（フランチャイズ店、加盟店、加盟者）

　通常、加盟者あるいはジー、ライセンシーとも呼びます。フランチャイズにおいて、フランチャイザーの商標、サービスマーク、トレードネーム、その他の営業の象徴となる標識の使用を許諾された事業者をいいます。事業活動のうえでは販売、サービスおよびこれに付帯する日常の業務に専念し、独立事業者として投資し、利益・損失リスクも自己責任において全うするものです。また、フランチャイジーが所有または経営する店舗を「フランチャイズ店」といいます。なお、フランチャイズ店に対し、フランチャイザーが所有または経営する店舗は、フランチャイザーの直営店または単に直営店と呼びます。

## フランチャイズガイドライン（独占禁止法）

　公正取引委員会が発表している「フランチャイズシステムに関する独占禁止法上の考え方」というフランチャイズ契約のトラブル防止のためのガイドライン。この中で、どのような行為が、「ぎまん的顧客誘引（本部が加盟店の募集

に当たり虚偽の、もしくは誇大な開示を行うことなどにより、競争者の顧客を不当に誘引すること）」や「優越的地位の濫用（本部が加盟店に不当に不利益を与えることなど）」といった独占禁止法に定める不公正な取引方法として問題になるか、具体的に明らかにしています。また、取引関係のほか、独占禁止法違反の未然防止の観点から、契約前に開示することが望ましい事項についても定められています。

## フランチャイズ契約

　フランチャイズシステムはフランチャイザーが開発した「成功のノウハウ」をパッケージにしてフランチャイジーに提供することですが、パッケージ提供方法条件について本部と加盟者が約束することがフランチャイズ契約です。提供するフランチャイズパッケージの内容を、文書にした契約書を作成し、ザー（本部）とジー（加盟者）の権利と義務を明示します。

　契約は交渉によって内容の変更・修正などが行われて締結されるのが通常ですが、フランチャイズ契約の場合は、ほかの契約者（加盟者）との平等性を重視するため本部が契約内容を加盟希望者に提示し加盟希望者はそれに同意する"付附合契約"の形式になっています。複数の事業者が、資本などでなく契約で結びついているのがフランチャイズビジネスの特徴です。

## フランチャイズシステム

　フランチャイザー（本部）が、フランチャイジー（加盟者）と契約を結び、フランチャイジーに対して、自己の商標、サービスマーク、トレードネーム、その他の営業の象徴となる標識、および経営のノウハウを用いて、同一のイメージのもとに事業を行う権利を与えるとともに経営に関する指導を行い、その見返りとしてフランチャイジーから契約金、ロイヤルティなどの一定の対価を徴するフランチャイズの関係を組織的・体系的に用いて行う事業の方法です。

フランチャイズ用語集

## フランチャイズショー（FCショー）

　本部やニュービジネス企業が一堂に会する展示会で、日本経済新聞社が主催。フードサービス・小売り・サービス業のフランチャイズ本部による加盟店募集をはじめ、チェーン向け設備・サービス・商品やフランチャイズビジネス関連の情報サービス・出版・加盟相談・コンサルティングの紹介を行います。フランチャイズ研究会では、毎年フランチャイズショーに出展し、セミナーや無料相談を実施して好評を博しています。

## フランチャイズチェーン

　同じ標識を用い、同種の商品、またはサービスを販売して事業を行うフランチャイザー（本部）とすべてのフランチャイジー（加盟者）が構成する事業上の集団をいいます。本部と各加盟者は、経営の諸機能を分担し合い、助け合い、本部は分業を有機的に統合しながら一体としての事業活動を推進します。本部と各加盟者とは別資本の独立事業者であり、個々の契約の集積による事業上の集団です。また、加盟者はチェーン経営の意思決定には直接関与することはありません。

## フランチャイズパッケージ

　フランチャイズ契約によって、フランチャイザーが提供することを約束し、フランチャイジーが対価を支払って利用する一定の経営システム、ないし一連のプログラムをいいます。フランチャイズパッケージという場合は、通常次の３つの要素が組み合わさったものをいいます。
　①本部の商標、サービスマークで本部の事業であることを示すマーク
　②本部が開発した加盟店を運営するシステムやノウハウなどの仕組み
　③フランチャイズチェーンの統一したイメージを維持するための本部の指導
　　方法

## FRANJA

隔月間発行のフランチャイズビジネスの総合雑誌。出版元はトーチ出版で、創刊は 2000 年 12 月 15 日。日本のフランチャイズ産業の発展を目指し、ジャーナリスティックな視点でフランチャイズ産業の発展を阻害する企業に対して公正中立、是々非々の編集理念で問題を提起する姿勢、またフランチャイズシステムの本質を見極めた新しい手法や努力を重ねる企業の取り組みを報道する姿勢に定評があります。2016 年より、紙媒体での出版は廃止し、Web による配信形態に変更されました。

## プロトタイプモデル

フランチャイズシステムの基本型となる店舗のことです。チェーン展開のコンセプトに基づき決定され、具体的には立地条件、内外装、主要設備、レイアウト、各種デザインが確立されており、標準となる投資金額、商品政策、サービス方法、売上高、客数、粗利益率、粗利益高、経費、利益、返済・回収計画等を実現できる店舗である必要があります。

## ベンチャー企業

独創的な技術や製品・サービスなどを有し、新しい市場を積極的に開拓する意欲を持つ、企業化精神に富む将来性の大きな企業です。ただ創業後間もないこともあり、まだ経営基盤が脆弱で株式公開には至っていないのが一般的です。

## ベンチャーキャピタル

いわゆる「ベンチャー企業」に対し、株式の取得などを通じて投資し、その企業が成功して株式を公開する場合に得られるキャピタルゲイン（株式売却益）を得ることによって収益をあげようとする企業です。負債ではなく資本の形で資金提供するので、企業の育成に大きな役割を持ち、経営に関与するケー

スもあります。事業を急成長させる意欲が高く「ハイリスク・ハイリターン」を求めます。日本経済再活性化の担い手として、このような意欲あふれる企業への期待が高まっており、官・民あげてのベンチャー支援ブームとなっています。

## ほ

### 法定開示書面

　中小小売商業振興法 11 条、12 条により定められているもので、フランチャイズ契約を締結する前に、本部が加盟希望者に対してあらかじめ渡さなければならない書面を指します。本部は「フランチャイズ契約のあらまし（概要）」といった文章を加盟希望者に手渡し、その内容について説明しなければならないと規定されています。本部事業者の事業内容、規模、財務状況など 22 項目の開示が義務付けられています。本部が十分な情報開示を行い、加盟希望者がこれを十分理解したうえで、円滑なフランチャイズ契約締結が取り交わされることを目的としています。中小小売商業振興法（通称：小振法）には、中小小売商業者の経営の近代化を促進するなどにより、中小小売商業の振興を図り、国民経済の健全な発展に寄与することを目的として制定されたものです。

### 法人フランチャイジー

　フランチャイジーは、店舗の規模により、1 店舗のみに加盟する「個人フランチャイジー」と複数店に加盟する「複数出店者」に分類されます。複数出店者の中で、店舗数 30 店舗以上、もしくはフランチャイズ部門売上高 20 億円以上の加盟者を「メガフランチャイジー」といいます。一方、店舗数は問わず、本部との間でエリアフランチャイズ契約締結されている加盟者のことを「エリアフランチャイジー（エリアフランチャイザー）」といいます。

　これらいずれの形態にかかわらず、法人格を有する加盟者のことを法人フランチャイジーといいます。

### 保証金

　商品などの仕入債務やロイヤルティの支払などを担保するために、加盟店が本部に預け入れる金銭のことです。加盟金と同様にフランチャイズ契約時に支払います。保証金は、フランチャイズ契約が終了した後、加盟店が本部に未払いの債務などがある場合、債務をこの保証金から差し引いた残りが返還されます。債務等がなければ全額返還されます。

## POS

　Point of Sale の略称で、販売時点情報管理を意味し、物品販売の売上実績を単品単位で集計する手法です。POS 導入の最大の利点は、商品名、価格、数量、日時などの販売実績情報をリアルタイムに収集するため、「いつ・どの商品が・どんな価格で・いくつ売れたか」が把握しやすく、売れ行き動向を観察できる点にあります。POS システムは主に、スーパーマーケットやコンビニエンスストア、外食産業、ドラッグストア（薬局）などのチェーンストアなどで導入されています。

### POS システム

　店舗における販売時点での情報（商品コード、金額、個数、販売時間、天候、顧客 No、販売員 No、販促情報など）をもとに様々な分析をするためのシステムです。POS レジを使用して収集したデータをストアコントローラーで分析するのが基本的な構成です。ストアコントローラーとは、POS システムにおいて、POS レジから送付される販売履歴データを受け取り、売れ筋分析などを行う店舗サーバーのことです。

### ボランタリーチェーン

　本来は、複数の小売商が（卸商が参加することもあります）小売商の近代化を目的として、それぞれの独立性を尊重しながら、永続的なチェーンシステムを志向し、加盟小売店の意思決定によって運営される共同組織であり、主とし

て共同仕入れを行う組織です。現在では小売業に限らず、飲食店やサービス業でもゆるやかな連携を持つ共同組織もボランタリーチェーンと称する場合もあります。加盟者が団体の規約または定款によってつくる団体ないし組織であり、共同化の意識に基づき組織形成されます。また、本部運営およびチェーン事業に関する意思決定に加盟店が参画します。

## ま

### マニュアル

作業手順書のことです。フランチャイザーの持つノウハウが結集されており、加盟店が示されているとおりに行動すれば、運営が行えるというものです。ロイヤルティの対価の一要素として加盟店に貸与されます。契約書ほどの効力はありませんが、加盟店運営が規定されています。最近では、電子化されたオンラインマニュアルも登場しています。

### マルチフランチャイジー

複数のフランチャイズチェーンに加盟し、多店舗で事業展開を行っているフランチャイズ加盟店をいいます。

## め

### メガフランチャイジー

メガフランチャイジーとは、フランチャイジーが多数（通常30店舗以上）の店舗を経営しているか、またはフランチャイジーとしての売上高20億円以上の規模のフランチャイジーをいいます。株式公開企業も出現しており、中小企業の多角化、拡大化の手段として注目されています。

## も

### モデル収支

　本部が加盟希望者に事業の収益性を説明する際に提示する収入と支出の標準的な例のことです。加盟を判断するための情報の一つですが、実際は個々に規模も立地も人材の質も違いますから、モデル収支どおりになることはありません。「うまくいけばこうなる」といった例が示されていると考えたほうがよいでしょう。

## や

### 屋号、商号

　商店の呼び名、店名のことをいいます。屋号をつけることで、商店は顧客から信用を得て、ゆくゆくは重要な無形の財産となります。また、商人が営業上自己を表示するために用いる名称のことを商号（トレードネーム）といいます。商法上、会社は必ずその商号を定め、また株式・有限など会社の種類を明示することが要求されます。同一の商号が同一市町村内で使用できないことになっていましたが、2006年5月1日施行の新会社法でこの類似商号規制は撤廃されました。現在は、同一所在地での同一商号のみ禁止されています。また、不正競争目的の商号使用は不正競争防止法により禁止されています。

## ゆ

### ユニット

　日本ではフランチャイズ加盟店を計算する単位として「店」（テン）という単位を使用しますが、アメリカでは「ユニット」という単位を使用しています。無店舗販売、サービス業の発展によって店という単位がなじまなくなったためと思われます。

## り

### リースバック

借り手が所有している資産をいったん売却した後、貸し手からその資産をリース物件として、借り手がリースを受ける取引のことです。メリットとして資産のオフバランス化、固定資産の流動化、機械設備の継続使用、資金調達手段となることなどが挙げられます。

### リクルーター

本部の加盟店開発、または募集担当者のこと。加盟希望者に対して、その開発からフランチャイズ契約締結までを担います。主な役割はチェーン拡大であり、加盟希望者の適性を見極め、加盟前の情報提供や契約内容の説明などを行っていきます。

### 倫理綱領

（一社）日本フランチャイズ協会の倫理綱領は、1972年の11月に採択されました。この倫理綱領の目的はフランチャイザーとして基本的に守るべき規範を示すことにあります。協会員はこれを守り、フランチャイジーと良好な関係を保ち、お客さまの利益増進に努め、フランチャイズビジネスの健全な発展を図るものです。

## れ

### レギュラーチェーン

単一の法人格のもとで直営店を多店舗展開する組織形態のことです。通常チェーンストアといえばこれを意味します。フランチャイズチェーンやボランタリーチェーンと区別する際に使用する用語です。同一法人の会社組織であることからコーポレートチェーン（Corporate chain）ともいいます。

### 連鎖化事業・特定連鎖化事業

「主として中小小売商業者に対し、定型的な約款に基づき継続的に商品を販売し、かつ経営に対する指導を行う事業」であり、中小小売商業振興法第4条により規定されています。また「連鎖化事業であって、当該連鎖化事業に加盟する者に特定の商標、商号その他の表示を使用させる旨および加盟者から加盟に際し、加盟金、保証金、その他金銭を徴収する旨の定めのあるもの」は「特定連鎖化事業」であり、中小小売商業振興法第11条により規定されています。

### 連鎖販売取引（マルチ商法）

商品を購入した人が、さらに商品の買い手を探し勧誘を繰り返すことで、ピラミッド的に販売組織を拡大する商法です。加入者が増えると階層が上がり、マージンが多く入る仕組みで、組織拡大のためのトラブルも多いです。訪問販売法の規制があり、書面を受け取ってから20日間は、クーリングオフが可能となっています。アメリカから上陸したネットワークビジネスも友人に商品を紹介することを主眼にしていますが、マルチまがい商法とも言われています。

## ろ

### ロイヤルティ

フランチャイズ契約を結んだフランチャイジーが、フランチャイザーから商標使用権や継続的な経営に関する指導・援助を受けた見返りとして、一定の対価を定期的にフランチャイザーに支払うもの。あらかじめ金額が定まっている定額の場合と売上高や利益に一定率を掛ける定率の場合があります。

### 労災保険

労災保険とは、「労働者災害補償保険」の略称で、労働者が業務上の災害や通勤途上で災害を受けた場合に、当該労働者や遺族を保護するために必要な給付を行う保険制度です。

## 労働者派遣法

　正式名称は「労働者派遣事業の適正な運用の確保及び派遣労働者の就業条件の整備等に関する法律」です。適正な労働者派遣事業の運営と、派遣スタッフの就業条件の整備を目的としています。改正を経て港湾、建設、警備、医療を除いた職種に派遣が可能となり、派遣期間も３年間に延長になるなど規制の自由化が進んでいます。

## ロジスティクス

　本来「兵站学」のことで、後方部隊からの物資補給をいかに効率よく行うかについての軍事学問の用語であり、それをマーケティングに応用した言葉です。原材料調達から生産工程を経て、完成品が最終消費者に至るまでの物流を総称しています。物流のシステム化を全社的に行う戦略とする考え方です。物流が中心となって物流業務と他部門の活動を統合・調整し、総合的に管理していくことが不可欠となってきています。

## 回 答

＜ステップ2＞　3.（1）（×）　　（2）（×）　　（3）（×）

　　　　　　　4.①（ア）　　②（ウ）　　③（カ）

＜ステップ4＞　2. 3

＜ステップ5＞　2. ビジュアルに比較できるから

　　　　　　　3. Q3　①客観的評価　　②主観的評価

＜ステップ6＞

1. 同じ業態でも立地によって売上が大きく変動するから

4.（ケース1）

　①100　②800　③20　④200　⑤800　⑥10　⑦3,200,000

（ケース2）

　①50　②1,000　③2.5　④3,750,000

5.（ケース1）

　①20万円　②10万円　③5万円　④35万円

　⑤20万円　⑥20万円　⑦40万円　⑧80万円　⑨70万円

（ケース2）

$$必要売上高 = \frac{固定費＋（借入金返済額＋生活資金－減価償却費）÷（1－税率）}{1－変動費÷売上高}$$

$$= \frac{35＋（10＋20－5）÷（1－0.4）}{1－75÷150}$$

$$= 153.3万円$$

＜ステップ7＞

日本政策金融公庫：融資限度額が大きく長期の資金が調達できる

民間金融機関からの信用保証協会の保証付き融資：最寄りの金融機関から融資の申し込みができるが、金利とは別に信用保証料を負担しなければならない

地方公共団体のあっせん融資：地方公共団体が利子や信用保証料の一部を補助してくれる場合や専門家の助言を受けられることがある

＜ステップ9＞

3. Q1　1.②　2.③　Q2　4　Q3　4　Q4　4

7. Q　5）法定開示書面による説明　　8）フランチャイズ契約書の提示

　　　9）フランチャイズ契約書の締結　　12）開業前研修の受講

8. Q1　3　Q2　1

【編著者】

**伊藤　恭**（いとうきょう）

　中小企業診断士、㈱フランチャイズブレイン代表取締役、㈱日本フランチャイズ研究機構代表取締役、（一社）東京都中小企業診断士協会認定フランチャイズ研究会会長、（一社）日本フランチャイズチェーン協会 SV 学校講師などを歴任。フランチャイズビジネスの専門家として活躍中、多くのフランチャイズ本部の立上支援実績あり。成蹊大学経済学部卒業。

【執筆者】

**石川 和夫**（いしかわかずお）

　中小企業診断士、㈱セブン - イレブン・ジャパンにおいて、OFC（加盟店相談員・スーパーバイザー職）として勤務。のち、コンビニ 3 店と伊レストラン 2 店を経営する会社の店長兼統括マネジャー（役員）として勤務。現在は人材育成コンサルティング、コーチングや DiSC を活用した管理職者・スーパーバイザー向けのコミュニケーション力アップ研修を中心に活動中。法政大学経済学部卒。

**伊藤 達仁**（いとうたつひと）

　南青山会計 STUDIO　伊藤達仁税理士事務所　代表税理士、スキューバダイビング店での仕事に従事後、会計業界に転職。税理士法人・監査法人、通信会社での勤務を経て独立。株式公開のための経理体制構築（数社上場）、金融機関プライベートバンク室での税務相談対応、フランチャイズ会計税務に従事。フランチャイズビジネス以外の専門分野としては、国際間及び貿易関係の国際税務スキームの構築及び資産税対策を行っている。

**後藤　聡**（ごとうさとる）

　中小企業診断士、ヘルスケアビジネスを中心に店舗開設時や規模拡大、M&A 時の資金調達支援及び業務効率化支援を行う傍ら様々な経営相談、財務

診断業務に携わる。中小企業者の適切な資金繰りについてのアドバイスも実施している。東洋大学卒業。

**高橋 利忠**（たかはしとしただ）
　中小企業診断士、（一社）東京都中小企業診断士協会認定フランチャイズ研究会副会長。都市銀行に16年間勤務後、転職して現在に至る。事業再生中の企業数社への出向など、ゼネコン、メーカーからサービス、飲食店まで幅広い実務経験あり。得意分野は事業計画作成、ファイナンス、フランチャイズ。名古屋大学経済学部卒業。

**安紗 弥香**（やすさやか）
　特定社会保険労務士、Office38代表、社労士法人プレミアパートナーズ代表。ディズニーストアで5年間勤務後、コンビニエンスストアチェーン本部2社で7年間、通算4,000人の店舗加盟者を育成。2010年、社会保険労務士資格を取得し、2013年独立。現在は社労士業務、接客セミナー、コンビニエンスストア店舗スタッフの人材育成サポート等を多数行っている。上智大学卒業。

**山崎 泰央**（やまざきやすお）
　中小企業診断士、大手ベーカリーチェーンで商品開発、店舗開発、広報PR、販売促進等の業務に従事したのち独立／ベーカリーや和洋菓子、飲食チェーン等の多店舗展開支援や店長・幹部教育等に携わると同時に、神田で飲み放題の日本酒バー「美味しい日本酒nomel」を経営。創業、事業計画作成、チームビルディング等のセミナー実績多数。中小企業大学校講師。中央大学卒業。

**楊　典子**（ようのりこ）
　中小企業診断、外資系大手コンサルティング会社等を経て、2009年に五葉コンサルティング株式会社設立。製造業から生保、卸、小売、飲食、サービス

業まで幅広い業種で業務プロセス設計と改善に携わる。複数の FC 本部構築支援も経験。女性の創業支援も得意とする。All About フランチャイズで独立ガイドとして活躍中 / 日本フランチャイズ研究機構（JFRI）所属。立教大学経済学部卒業。

**若林 和哉**（わかばやしかずや）

　中小企業診断士・１級販売士。事業会社の経営企画部にて、カフェや物販店、大手菓子メーカーと提携したアンテナショップの事業企画・店舗立ち上げ、商品企画、予算作成・予算実績管理、販促企画、M&A プロジェクトなどを担当。日本経済新聞主催フランチャイズショーセミナー講師や、フランチャイズ専門サイトでのコラムやビジネス小説執筆などの実績あり。早稲田大学政治経済学部卒業。

**フランチャイズ研究会**

　一般社団法人東京都中小企業診断士協会に属し、フランチャイズビジネスの健全な発展を目的に活動する団体で、中小企業診断士、弁護士、税理士、社会保険労務士、行政書士など約 50 名の会員で組織される。フランチャイズビジネスに関する調査研究活動、国内のフランチャイズ関連イベントでの相談ブースの出展、セミナーの開催、書籍の出版などを行う。

---

フランチャイズ研究会のホームページでは、フランチャイズに関する基本用語や業界の最新動向等を公開しています。

是非、ご覧ください。

**http : //fcken.com/**

2017 年 2 月 1 日　第 1 刷発行

### 10 のステップで夢をかなえる
### フランチャイズ加盟ワークブック

Ⓒ編集者　　伊　藤　　　恭

　発行者　　脇　坂　康　弘

発行所　㍿同友館

〒113-0033 東京都文京区本郷3-38-1
TEL. 03(3813)3966
FAX. 03(3818)2774
http://www.doyukan.co.jp/

落丁・乱丁はお取り替えいたします。
ISBN 978-4-496-05261-3

三美印刷／松村製本所
Printed in Japan